AF673034

*fine*BOOKS

IMPRESSUM

Herausgeber: Alexander Broicher
finebooksverlag.com

Umschlaggestaltung: Guido Glütsch

Gestaltung, Satz: Mo Tapprogge
mo-creation-design.com

Korrektorat: Dr. Oliver Ihle

Printed in Germany
ISBN 978-3-948373-43-6

Vielleicht lieber heute

INHALT

Wo auch immer du, liebe Leserin und lieber Leser, gerade in deinem Leben stehst, ist es nicht ermutigend, dass wir Menschen ein grenzenloses Gottesgeschenk erhalten haben: die Fähigkeit, jeden Tag, jede Stunde und jede Minute neu zu entscheiden. Aber nutzen wir diese einzigartige Gabe?

Jeden Tag haben wir die Gelegenheit, mit einer Veränderung – mag sie auch noch so klein sein – unserem Leben einen neuen Anschub voller Optimismus, Phantasie und Liebe zu geben. Denn erst wenn wir lernen, anders zu denken, können wir unser Leben neu gestalten – mit unserer persönlichen Note.

Eines Abends dachte ich über das Szenario »Was wäre, wenn mein Leben heute endete?« nach. Mich beschäftige ein wesentlicher Gedanke, welcher mir sonst endlos fern erschien, jedoch plötzlich erschreckend nahe trat: Was bliebe ungelebt, was wäre vollendet, wenn mein Leben unerwartet enden würde?

Ich nehme an, vielen Menschen erscheint dieser Gedanke oft erschreckend nahe, verbunden mit einem ganz bestimmten Gefühl, das einen oftmals enttäuscht und auch traurig stimmt: dem Gefühl, bisher nicht wirklich gelebt zu haben, viele Lebensträume nicht realisiert zu haben und aus dem eigenen Leben eigentlich nicht das gemacht zu haben, was anfangs gewollt war. Und es sind genau diese Dinge, welche wir Menschen rückwirkend am stärksten bereuen, nämlich diejenigen, die wir nicht getan haben.

Meist in einer unzufriedenen Lebensphase kann uns dieses Gefühl täglich begleiten und uns immer wieder daran erinnern, dass wir momentan nicht tatsächlich das in unserem Leben machen, was uns zufriedenstellt und erfüllt. Denn oft haben wir unser Leben nach anderem ausgerichtet als nach dem, was uns eigentlich begeistert: haben uns von den gesellschaftlichen Standards beeinflussen lassen, haben versucht, diese zu erreichen – und somit dem sozialen Druck nachgegeben. Schlussendlich waren es dann aber oft unsere Ängste, die uns davon abhielten, unsere Träume zu verfolgen und zu verwirklichen.

Viele verspüren dann diesen Drang, aus dem Alltag auszubrechen und mehr aus dem eigenen Leben zu machen. Letzten Endes scheut man sich ja vor dem Moment am Sterbebett, wo man dann voller Enttäuschung und Selbstzweifel realisiert, dass man nun gehen muss und das ganze Leben lang, oder zumindest eine längere Periode darin, keine echte Lebenslust empfand. Doch dieser Weckruf kommt dann meist zu spät – denn dies ist dann die Realität und kein Albtraum, aus dem wir aufwachen können, nochmals neu anfangen, um alles zu ändern. Es ist die Angst, gehen zu müssen, ohne je wirklich gelebt zu haben.

Aber warum verändern wir nicht einfach die Dinge, welche wir ungern tun und die uns nicht erfüllen? Und warum geben wir nicht einfach den Weg in unserem Leben auf, welchen wir nicht gehen wollen?

Weil es nie einfach ist, unseren sicheren Hafen zu verlassen.

Und selbst wenn wir es bereits versucht haben, werden wir sicherlich auf einige Stolpersteine gestoßen sein. Wie beispielsweise die Unsicherheit, den alten, uns bekannten Weg aufzugeben und mit dem neuen Weg überfordert zu sein. Die innere Faulheit, welche uns davon abhält, aktiv zu werden, im Verbund mit der Frage, womit wir überhaupt anfangen sollen. Zahlreiche verwirrende Meinungen aus dem Freundeskreis sowie kritische Stimmen, welche uns zurückhalten. Oder die Ungewissheit darüber, was es eigentlich genau ist, was unzufrieden macht und wonach wir eigentlich suchen.

Aber nun kommt eine erfrischende Botschaft, falls du vielleicht verspürst, dass du dein Leben falsch ausgerichtet hast und bisher nicht das getan hast, was dich wirklich erfüllt und zufrieden stellt: Glücklicherweise besitzen wir nicht nur die Fähigkeit, jeden Tag neu zu entscheiden, sondern verfügen auch stets über die Zeit, gewisse Dinge in unserem Leben zu hinterfragen, um tatsächlich das zu machen, was wir wirklich wollen. Denn es ist nie zu spät unseren Weg zu finden und unsere Träume zu verwirklichen.

Denn dieses innere Hindernis, welches es uns irgendwie schwer macht, jetzt einfach alles stehen und liegen zu lassen und aus unserem Leben das zu machen, was wir wirklich wollen, ist letzten Endes nur ein Gefühl. Und Gefühle können sich jederzeit zum Guten ändern und sich dabei neu entfalten. Es gibt zahlreiche Umstände, Schicksale und die daraus resultierenden Gefühle, welche nicht in unserer Macht liegen. Aber wir können durch neue, bewusste Entscheidungen und Mut zur Veränderung enorm viel an unserer Lebenssituation bewirken und Gefühle zum Positiven wenden. Manche Leute sprechen oft davon, mehr aus ihrem Leben machen zu wollen, und sagen dabei: »Ich habe einen bestimmten Traum. Irgendwann werde ich ihn vielleicht verwirklichen.« Sie verschieben diesen aber zeitgleich immer auf »irgendwann mal« oder »vielleicht lieber morgen« und sind dazu nicht bereit, denn schließlich ist die Komfortzone das, was sie kennen und »vermeintliche« Sicherheit bietet.

Dasselbe machen auch etliche Leute, welche sich bereits mit ihrem unzufriedenstellenden Leben abgefunden haben, resigniert sind und sich dabei einreden, dass es gar nicht anders sein kann, dass sich die unglückliche Lebenssituation sowieso nie ändern wird.

Und spätestens, wenn wir uns mit solch einem Leben und antriebsloser Situation abgefunden haben, indem wir unsere Unzufriedenheit bewusst in Kauf nehmen, ist es Zeit für Veränderungen.

Wir Menschen
haben
ein grenzenloses
Gottesgeschenk
erhalten:

die Fähigkeit, jeden
Tag, jede Stunde
und jede Minute
neu zu entscheiden.
Aber nutzen
wir diese
einzigartige Gabe?

Vielmehr sollten wir uns auch bewusst werden, dass uns dieses bedrückende Gefühl nicht einfach loslassen wird, eher wir nicht gewisse Dinge im Leben umkrempeln. Es gibt zahlreiche Leute, welche sich nicht mit jener Situation abgefunden haben, mehr vom Leben wollten und trotz vieler Ängste, Ungewissheit und Widerständen den Mut zur Veränderung aufbrachten. Dabei trafen sie ungewohnte Entscheidungen – und ihre Lebenssituation hat sich zum Positiven entwickelt. Das zeigt: Wir sollten nicht zu lange warten, bis wir so alt sind, dass es zu spät ist, etwas zu verändern, und wir dann mit unserer Lebensentscheidung hadern und mit Enttäuschung zurückblicken, weil wir eben nicht den Mut aufbrachten, das Leben zu führen, was wir wirklich wollten.

Und sollten uns Zweifel bei solch einer Neuentscheidung aufkommen, dass wir möglicherweise etwas dabei verlieren könnten, was wir bislang erarbeitet haben, aber uns davon stark abhält, das zu tun, was wir wollen, dann müssen wir uns selbst fragen, was wir in jener unzufriedenen Lebenssituation denn genau verlieren würden? Ist es nicht etwas, das uns doch letzten Endes auch zukünftig nicht erfüllt und zufrieden stellen wird?

Wir werden somit zum Handeln aufgefordert. Denn ein Tag vergeht schnell. Daraus wird eine Woche, die ebenfalls rasch vergeht. Danach sind es Monate, umhin eine Jahreszeit, und bald schon hören wir sagen: »Ich kann nicht glauben, dass schon wieder Silvester gefeiert wird und das Jahr sich dem Ende zuneigt.«

Unser Dasein verstreicht in einem Wimpernschlag. Aber

es auf eine Art und Weise zu leben, dass wir jeden neuen Tag und jede Jahreszeit voller Vorfreude und Spannung erwarten: Dafür ist es genau jetzt an der Zeit!

#MUTZURVERÄNDERUNG

Stehst du morgens motiviert auf und freust dich auf den bevorstehenden Tag? Fühlst du dich zufrieden und voller Vorfreude, wenn du über dein Leben und deinen Alltag nachdenkst? Und fühlt es sich richtig an, wenn du dir vorstellst, in nächster Zeit oder die nächsten Jahre dein Leben und »Lifestyle« so weiter zu führen wie bis anhin?

Wenn du diese Fragen nun für dich nicht mit »Ja« beantworten kannst, dann ist das ein Anzeichen dafür, dass eigentlich eine Veränderung in deinem Leben angebracht ist.

Aber wenn wir uns auf den Weg machen wollen, mehr aus unserem Leben zu machen, dann müssen wir zeitgleich auch bereit sein, unsere Komfortzone zu verlassen und dabei mehr Aufmerksamkeit dem Mut zur Veränderung zu widmen. Mut hat aber auch immer etwas mit Angst vor dem Unbekannten und einem gewissen Risiko zu tun, denn der erste Schritt zum Mutig sein besteht darin, seine Zweifel, gewisse Ängste und den Drang nach Veränderung zu erkennen und diesen zu benennen.

Somit ist es essentiell, diesen inneren Drang zur Veränderung bewusst wahrzunehmen und auch ernst zu nehmen. Und selbst wenn diese Veränderung meist mit viel Zeit, Mut und Aufwand in Verbindung steht, nicht von heute auf morgen umgesetzt werden kann oder meist auch einige Hindernisse auf dem Weg lauern, sollten wir dabei nie vergessen, wie enttäuschend es wäre, wenn man zu einem späteren oder zu späten Zeitpunkt auf sein Leben zurückblickt und dabei merkt, wie viele von unseren Träumen ungelebt und unvollendet blieben.

Letzten Endes leben wir ja nur einmal.

Was wir also in einer unzufriedenen und resignierten Lebenssituation brauchen, ist Mut zur Veränderung und neuen Entscheidungen und dabei kein Zurückrudern in unsere Komfortzone! Wir Menschen sehnen uns früher oder später nach einem Leben, welches uns wirklich erfüllt. Nach unserem Weg sowie auch unserer Berufung. Nach echter Leidenschaft und wahrer Zufriedenheit. Denn wir müssen uns immer bewusst sein, dass wir bei einer Veränderung nicht nur etwas verlieren, sondern auch eine Menge gewinnen können. Und wenn wir mit unserer momentanen Lebenssituation nicht zufrieden sind, dann überwiegen die Vorteile die Nachteile ganz deutlich.

Und die erste wichtige Veränderung beginnt dabei im Kopf, bei uns selbst.

Wir können genau jetzt damit beginnen, die Veränderung erstmal ins Rollen zu bringen, einen neuen Weg einzuschlagen und uns darüber bewusst zu werden, was wir an unserem Leben eigentlich vermissen und neu gestalten wollen. Denn Veränderung muss von jedem Menschen selbst ausgehen. Wir sind es, welche handeln müssen. Dabei sollten wir mutig und klar entscheiden, wie wir unser Leben zukünftig ausrichten möchten, denn wir alle tragen die Verantwortung für unser eigenes Leben.

Und am besten beginnen wir dabei mit der Überlegung, was wir in diesem Moment konkret tun können, um einen kleinen Schritt in Richtung dieser Veränderung zu machen. Vielleicht kann es auch hilfreich sein, wenn man sich auf einen Notizzettel mal alles niederschreibt, was man sich an Veränderung wünscht, egal was es auch ist oder wie unrealistisch es erscheint. Schlussendlich können wir dann mit der am einfachsten umsetzbaren Veränderung beginnen, um den Ball ins Rollen zu bringen.

Dabei ist es völlig ausreichend, wenn man anfangs nur mit einer kleinen Veränderung beginnt, egal wie klein diese auch sein mag. Denn selbst eine Änderung, die so minimal aussehen mag, kann uns mittelfristig in ein ganz neues Leben manövrieren.

Vielleicht wünschst du dir, wieder fitter zu werden und mehr Sport zu machen: Dann zieh deine Sportschuhe an und ab ins Grüne! Oder du willst einen spannenden Kurs besuchen, welcher dich interessiert, aber hast du bisher keine Zeit gefunden: Dann melde dich jetzt an! Oder du hast eine bestimmte Reise geplant und träumst schon lange davon, diese zu verwirklichen: Dann versuche eine Möglichkeit zu finden, um diese umzusetzen, und schiebe diese Reise nicht bis zum Rentnerleben hinaus.

Und vielleicht bist du aktuell unzufrieden mit deinem Beruf, möchtest aber etwas tun, was dich wirklich erfüllt und dir Freude im Alltag bereitet. Dann suche parallel zum jetzigen Beruf eine Unternehmung heraus, welche dich interessiert, und versuche diese in der einen oder anderen Form in dein Leben zu integrieren – möglicherweise sogar in Form einer neuen beruflichen Orientierung, nebenberuflich oder einem ehrenamtlichen Engagement. Denn es muss nicht immer gleich direkt eine Kündigung sein. Manchmal fehlt uns nur eine gesunde sowie gute Balance zwischen Arbeit und

Freizeit. Also eine weitere »Zutat« als Motivationsspritze in der Freizeit, welche automatisch den Arbeitsalltag aufwertet und erfrischt, somit der gesamte Tag an tieferem Sinn und Bedeutung gewinnt. Oder es mag manchmal auch einfach nur ein bestimme Person sein, welche du möglicherweise in deinem Leben vermisst und schon lange mal wieder kontaktieren wolltest, aber dich bislang davor gedrückt hast, es zu tun. Dann habe den Mut es durchzuziehen!

Wichtig dabei ist jedoch, nicht dem Irrglauben zu verfallen, dass wir von einem Tag auf den anderen in ein komplett anderes Leben wechseln können oder müssen. Es ist besser, wenn wir täglich kleine Änderungen in unserem Leben vornehmen, um damit zu versuchen, langfristig unser Leben umzustellen.

Denn die wenigsten können alles von heute auf morgen stehen lassen und sich aus ihrem bisherigen Leben mit einem Knopfdruck verabschieden und sich in ihr neues Leben begeben.

Eine neue Ausrichtung bedeutet nicht, dass wir alles auf einmal verändern müssen. Auch nicht, dass wir alle Dinge, welche wir uns über die letzten Jahre aufgebaut haben, auf einmal aufgeben sollen. Denn wenn wir von heute auf morgen alles übereilt umkrempeln und verändern wollen, können wir Gefahr laufen, dass wir unser Vorhaben bereits nach kurzer Zeit wieder aufgeben. Oder es gar nicht erst versuchen, weil uns die Vorstellung, plötzlich alles aufzugeben, demotiviert und uns zu sehr herausfordert – wir dabei Angst haben vor dem totalen Einbruch unseres Lebens. Und deshalb entscheiden wir uns dann oft dazu, in unserer gewohnten und vermeintlich »sicheren« Komfortzone zu bleiben.

Aus diesem Grunde ist es wertvoll und realistisch zu erkennen, dass der Weg zu einem zufriedeneren Leben und die damit verbundenen Veränderungen nicht alle von heute auf morgen passieren, sondern ein stetiger Prozess sind. *Dabei ist viel bedeutungsvoller, dass man bereits mit der ersten kleinen Veränderung im Kopf begonnen hat und somit den Ball ins Rollen gebracht hat. Denn alle die kleinen Veränderungen sowie Unternehmungen, welche darauf folgen werden, dabei schrittweise umgesetzt werden, entpuppen sich in ihrer Summe als die wahre und große Veränderung unseres Lebens.*

Dabei müssen
wir uns immer
bewusst sein,
dass wir bei einer
Veränderung nicht
nur etwas verlieren,
sondern auch
eine Menge
gewinnen können.
Und die
erste wichtige
Veränderung
beginnt dabei
im Kopf,
bei uns selbst.

Doch es kann gut sein, dass noch während dieses Prozesses sich eine leise Stimme in uns erhebt, die nicht an diesen Neuanfang glaubt und an die Möglichkeit, dass wir täglich mutig Dinge zum Guten verändern können. Gedanken wie »Wir haben Verpflichtungen und können deshalb nicht einfach das tun, was wir wirklich wollen« oder »Das ist reines Wunschdenken, eine Utopie. Die Realität sieht anders aus« werden dann wieder versuchen, uns in unsere Komfortzone zurückzudrängen. Aber diese Zweifel sind normal.

Und oft sind auch genau jene Gedanken die Ausreden, welche Leute vorbringen, denen der Mut zur Veränderung fehlt. Denn sie wollen trotz Unzufriedenheit ihre Komfortzone nicht verlassen, und ihre Ausreden sind letzten Endes nur ein Ausdruck ihrer Angst vor Veränderung.

Und auch hinsichtlich der Außenwirkung: In Wirklichkeit ist meist die negative Meinung anderer, welche über unseren Lebensweg urteilen, nur ein Ausdruck ihrer eigenen Unzufriedenheit mit ihrem Leben, an welche wir sie dadurch erinnern, indem wir mit einem Lächeln eine gewisse Zufriedenheit ausstrahlen und aus unserem Leben genau das machen, was wir wirklich wollen.

Somit lass noch heute dein erster Tag mit frischem Mut zur Veränderung sein! Einem Leben, das du zukünftig selbstbestimmt, bewusster und glücklicher führen wirst. Und wenn du in deiner unzufriedenen Lebenssituation diesen Mut aufbringen kannst und gewisse Veränderungen dabei nicht scheust, befindest du dich auf bestem Wege zu einem lebenswerten Leben, das genau das ist, welches dich erfüllt.

Bekanntlich gilt ja für unsere Zufriedenheit und unser Lebensglück die Formel: Sind wir glücklich, dann werden wir auch generell in unserem Leben, bei der Arbeit, bei der Partnersuche und in vielen weiteren Bereichen erfolgreicher sein. Diese Tatsache ist absolut zutreffend und somit Glück erstrebenswert, aber jenes ist letzten Endes doch nur die Folge sowie Auswirkung der Zufriedenheit. Denn auch mehr Erfolg bei gewissen Unternehmungen ist nicht das, was uns allein glücklich macht und erfüllt.

Viel bedeutender für unsere langfristige Zufriedenheit ist, klar herauszufinden, wer wir wirklich sind, dabei das zu tun, was uns mit Freude und Sinn erfüllt und wir uns dadurch zu dieser Person entwickeln, welche wir schon immer sein wollten.

Wenn wir nicht nach Anerkennung oder Bewunderung anderer streben, und wir nicht primär versuchen, ihnen zu gefallen, sondern stets unseren eigenen Lebensweg im Fokus haben, von dem wir wissen, dass dieser der geeignete für uns ist, werden wir die richtige Kurve für unsere Zufriedenheit einschlagen und dabei auch unseren »Lifestyle« neu erfinden. Und selbst jene Leute, welche anfangs nicht hinter unseren Entscheidungen standen, werden womöglich plötzlich sogar auch eine gewisse Wertschätzung und Anerkennung für uns entwickeln. *Denn allein die Tatsache, dass wir selbstbewusst und klar unseren Lebensweg gehen und nicht auf die Akzeptanz anderer aus sind, inspiriert viele Menschen, zieht sie irgendwie an und fordert zum Nachdenken auf.*

Wir Menschen suchen oftmals nach einer gewissen Bestätigung in unserem Handeln. Wollen dabei wissen, dass das, was wir machen und so wie wir sind, bei anderen gut ankommt. Sei es bei der Arbeit, bei alltäglichen Dingen oder in einer Beziehung. Häufig versuchen wir es auch anderen Leuten recht zu machen und zu vermeiden, dass andere ein schlechtes Bild von uns bekommen könnten.

Und obwohl wir so oft nach diesem, einem der größten menschlichen Bedürfnisse streben, nämlich von anderen akzeptiert, anerkannt und teils sogar bewundert zu werden, ist dieser Drang, wenn man ihn falsch interpretiert, oftmals ein Hindernis für einen erfüllten Lebensweg. Denn dieser veranlasst uns dazu, lediglich jene Dinge in unserem Leben zu tun, welche notwendig sind, damit uns andere akzeptieren und bewundern können – aber nicht das, was wir wirklich von Herzen gerne tun würden. Oftmals stimmen jedoch unsere Vorstellungen und Wünsche mit dem überein, was andere Menschen in uns sehen wollen. Dann stellt dies auch keinerlei Konflikt dar. Aber es kann sich zu einem Konflikt entwickeln, wenn das, was wir uns vorstellen, von dem abweicht, was andere in uns sehen wollen.

Wenn wir beispielsweise schon als Jugendliche immer davon geträumt haben, Schauspielerin oder Schauspieler zu werden, Schriftsteller, Musikerin oder Profisportler, weil wir diese Künste so sehr lieben, aber unsere Eltern oder Bekannte eher wollen, dass etwas »akademisch-seriöses« aus uns in Zukunft wird und dass wir deshalb lieber studieren sollen.

Und genau dann wird dies zu einem Konflikt, wenn wir bestimmten Leuten gefallen wollen und wir deswegen das tun, was sie denken, was das Passende für uns ist. Und dies dann meist in Verbundenheit mit dem klassischen »gesellschaftstauglichen« Lebenslauf: gute Ausbildung oder Studium, danach eine abenteuerliche Reisezeit oder Sprachaufenthalt, arbeiten, dann Anfang dreißig schlussendlich Heirat und Kinder. Aber viele Menschen folgen dabei nicht wirklich ihrem inneren Kompass.

Ich persönlich habe es glücklicherweise so erlebt, dass ich nie etwas leisten musste, um geliebt zu werden, weder bei meinem Elternhaus noch Bekannten. Aber bei den zwei bisher wichtigsten Entscheidungen meines Lebens stand ich dennoch ziemlich alleine da. Dabei wusste ich aber innerlich genau, dass es die richtige Entscheidung für mich persönlich war, auch wenn dabei der größte Teil meines Freundeskreises und der Bekannten mich absolut nicht darin verstanden haben und ich mir von vielen Seiten Vorwürfe anhören musste.

Bei einer dieser zwei Entscheidungen wollte ich einen kleinen Neuanfang wagen. Und diese Entscheidung hat mein ganzes Leben bis heute stark beeinflusst. Durch diese habe ich damals viel an Zufriedenheit und Lebensfreude zurückgewonnen, welche bis heute anhält.

Jene Entscheidung hat mich auch maßgebend inspiriert und dazu bewegt, Bücher zu schreiben, auch durch mehr vorhandenen zeitlichen Freiraum. *Dabei habe ich meinen »Lifestyle« neu erfunden, meine Komfortzone verlassen, um das hinter mir zu lassen, was nicht das Richtige und Passende in meinem Leben war, um mich für das zu öffnen, was ich nun jahrelang mit einem inneren Feuer, aus voller Überzeugung und Zufriedenheit tue.*

Allein die Tatsache, dass wir selbstbewusst und klar unseren Lebensweg gehen und nicht auf die Akzeptanz anderer aus sind, inspiriert viele Menschen, zieht sie irgendwie an und fordert zum Nachdenken auf.

Aber alle diese positiven Entwicklungen in meinem Leben sind durch eine bewusste innere Entscheidung entstanden, welche ich für mich persönlich getroffen habe – entgegen allem Unverständnis und wenig erhaltener Unterstützung dafür.

Es ist nicht einfach, seinen bisherigen Lebensweg zu verändern oder gar aufzugeben, um den Weg zu finden, den man wirklich gehen will. Aber dabei konnte ich genau aus diesem Lebensgefühl heraus handeln: dass wir jeden Tag Dinge neu entscheiden können und dieses Geschenk wirklich annehmen sollten.

Denn hätte ich dabei versucht, es jedem recht zu machen, hätte ich diese Entscheidung anders getroffen. Und wenn es um Freunde geht, die uns ihre Freundschaft aufgrund solcher persönlichen Entscheidungen kündigen, oder um unsere Beziehungspartner, die damit drohen, uns unter diesen Umständen zu verlassen, was sagt es dann über diese Leute aus, wenn sie uns nicht bei unserer persönlichen Entfaltung akzeptieren?

Deshalb ist es entscheidend, dass wir nicht etliche Jahre unseres Daseins auf einen Weg verschwenden, welcher nicht der richtige für uns ist, sondern wir den Mut haben oder diesen uns aneignen, den bisherigen Weg zu verlassen und den für uns passenden Weg zu bestreiten – auch wenn das möglicherweise kurzfristig bedeutet, dass wir die eine oder andere kritische Stimme gegen uns haben. Langfristig machen wir aber genau das aus unserem Leben, was uns wirklich erfüllt und zufriedenstellt.

Als Jugendlicher bin ich wahrlich in den »Fußballkessel«

gefallen und mein größtes Interesse galt ausschließlich dieser Thematik. Dabei musste ich nach Jahren feststellen, dass sich dadurch in meinem Leben langfristig nichts zum Positiven entwickelt hatte. Gemeint sind damit nicht die effektive sportliche Spielzeit und das Training, sondern die Tatsache, dass ich jahrelang beliebigen Fußballidolen folgte und diese bewunderte, alle ihre Spiele anschaute, jegliche Medienberichte über sie las und somit auch einen Teil meiner Lebenszeit ihnen schenkte. Dabei realisierte ich aber, dass ich zu viel Zeit und Aufwand in deren Leben und Berufung investierte, aber dadurch nicht mein Eigenleben bereicherte. Ich verfolgte zu sehr das Glück anderer als meine eigene Zufriedenheit und schwamm zu tief in fremdem Gewässer.

Aus diesem Grunde ist es für uns wichtig zu erkennen, dass wir öfters unsere eigenen Werte und Lebensentscheidungen hinterfragen sollten, die uns bisher in unserem Leben gelenkt haben, und wir uns aufs Neue bewusst werden, dass wir meist für unsere Zufriedenheit eine gewisse Selbstverantwortung in unseren Entscheidungen tragen, welche weder die Gesellschaft noch das Elternhaus für uns übernehmen kann.

Wenn wir beispielsweise einen Job ausüben, bei dem wir mehrmals täglich auf die Uhr blicken und dabei die ganze Zeit nur auf den Feierabend, die Mittagspausen oder das Wochenende hinfiebern, dann muss man sich auch fragen, weshalb wir dafür bereit sind, unsere wertvolle Lebenszeit herzugeben – für einen Job, der uns nicht erfüllt und keinerlei Freude bereitet. Um dann leider erst am Ende des Berufslebens zu realisieren, wie unbefriedigend der Alltag doch war, wie wenig Zeit man für Dinge hatte, die wirklich erfüllend und zufriedenstellen sind.

Die Sinnhaftigkeit in unserem Leben ist einer der entscheidenden Faktoren, ob unsere langfristige Zufriedenheit abhebt oder am Boden bleibt. Denn je mehr wir Sinn in unserer Tätigkeit sehen, desto mehr Energie kriegt unser Alltag, unser Selbstbild wird klarer, wir werden selbstbewusster in unserem Handeln und unser Umgang mit Menschen wird neuen Schwung erhalten. *Und dabei werden wir genau dieses attraktive »Selbstbewusstsein« ausstrahlen und damit andere inspirieren. Viele wollen dann etwas von unserer positiven Ausstrahlung abbekommen. Denn wir alle kennen sie, jene Menschen, die mit ihrem sympathischen Lächeln den Raum betreten und dabei zeitgleich diesen Raum mit ihrem Optimismus direkt für sich einnehmen, uns wie magisch anziehen.*

Wir alle freuen uns beispielsweise auf den wohlverdienten Urlaub, welcher uns mit etlichen Glücksmomenten erfüllt. Besonders aber dann, wenn wir dabei wissen, dass unsere Aufenthaltszeit eine begrenzte Zeit ist und wir deshalb jeden einzelnen Urlaubstag auskosten und genießen sollten.

Aber weshalb empfinden wir oft genau diesen kurzen, aber knackigen Urlaubsmodus als erfüllend und positiv in Erinnerung bleibend? Sicherlich spielen dabei das rauschende Meer, die pralle Sonne und das Nichtstun eine bedeutende Rolle. Aber genauso die Tatsache, dass wir einen bestimmten Sinn in unserem Urlaubsaufenthalt sowie der dort zu verbringenden Zeit erkennen. Wir dabei mit Vorfreude den Tagesablauf meist grob planen, bei Städtebesichtigungen oft eine Karte in unseren Händen halten, auf welcher ein genaues Ziel markiert ist, das wir verfolgen.

Beginnen wir also damit, gewisse verrostete Strukturen in unserem Leben zu ändern, und nutzen unsere wertvolle Lebenszeit wirklich: kleine Dinge auf großartige Art und Weise tun!

Kurzum: Wir wollen unsere begrenzte Urlaubszeit optimal nutzen! Und genau dieses verstärkte Bewusstsein für unsere Lebenszeit führt uns zu einem sinnvollen Aufenthalt mit viel Zufriedenheit, da wir dort die Tage wirklich optimal verbringen können. Oder dasselbe Prinzip kenne ich persönlich aus der Situation, wenn ich beispielsweise projektlos bin und dabei oft ziemlich unbewusst in den Tag hineinlebe. Oftmals beginne ich dann bereits nach wenigen faulen, südlicheren Tage am Meer, etwas Bestimmtes in meinem Dasein zu missen – nämlich den tätigen Sinn. Aber sobald ich wieder ein Projekt mit einer gewissen »Deadline« verfolge, also einer klaren Abgabefrist, dann wird meine Zeit plötzlich extrem kostbar und begrenzt. Dann denke ich viel bewusster darüber nach, wann, wie viel und mit wem ich Zeit verbringe, wenn ich mich nicht gerade dem Projekt widme. Aber das spannende dabei ist, dass eigentlich unser ganzes Leben, und nicht nur die Urlaubszeit, diesen »Frame«, diesen zeitlichen Rahmen verdient hat. Wir dabei nicht zwingend eine Abgabefrist oder einen Rückflug benötigen, welcher uns stets daran erinnert: »Dies ist eine schöne, aber auch begrenzte Zeit, denn bald fliegst du zurück in den Alltag und dann ist dies Vergangenheit!« *Nein, unsere Lebenszeit sollten wir alltäglich als eine solche begrenzte Zeit erkennen, diese wie eine ganze Urlaubszeit betrachten und dabei unseren Alltag bewusster verbringen.*

Möglicherweise sind wir aber bereits schon auf gutem Wege und wir erleben diese Momente, in denen wir uns in Gedanken in bestimmten Situationen wiederfinden und uns dabei von innen heraus stark und erfüllt fühlen? Erlebnisse, bei denen uns bewusst wird, dass wir ein Leben führen, von dem wir immer geträumt haben?

Wenn dies für uns nicht nur eine Traumvorstellung, sondern eine reale ist, dann sind wir bereits auf dem richtigen Wege und sollten dann einfach nur unseren »Lifestyle« weiterhin durchziehen. Wenn uns jedoch diese Sinnhaftigkeit fehlt, wir planlos zu viel Zeit und Aufwand in Dinge investieren, welche uns nicht näher an unsere Berufung führen, wir zu sehr das Glück anderer verfolgen und nicht wirklich wissen, was wir mit unserem Leben anfangen sollen, dann fehlen uns ein starker Antrieb und Rückgrat, welche für unsere Zufriedenheit von großer Bedeutung sind. *Deshalb sollten wir zukünftig unseren eigenen Weg finden und unsere persönlichen Entscheidungen mutig und unabhängig von Meinungen anderer Personen fällen. Beginnen wir also damit, gewisse verrostete Strukturen in unserem Leben zu ändern, und nutzen unsere wertvolle Lebenszeit wirklich: kleine Dinge auf großartige Art und Weise tun!*

Viel bedeutender für unsere langfristige Zufriedenheit ist, klar herauszufinden, wer wir wirklich sind, dabei das zu tun, was uns mit Freude und Sinn erfüllt, sodass wir uns dadurch zu der Person entwickeln, welche wir schon immer sein wollten.

Spannenderweise fängt die Frage, was Glück ist, damit an festzustellen, was das Glück wirklich mit uns macht. Und es macht tatsächlich einiges – es verändert uns. Dabei schüttet unser Gehirn massenweise Endorphine aus und produziert sozusagen sein eigenes Opium. Wir sind berauscht, wenn wir glücklich sind, ebenso wenn wir verliebt sind und außergewöhnliche Dinge erleben. Denn mit dem Glück ist es wie mit der Liebe: Wir können gar nicht genug davon kriegen. Aber was erhöht unsere Zufriedenheit? Und sind »glückliche Menschen« zeitgleich auch wirklich erfüllt?

Die Kunst, glücklich zu sein, besteht darin zu erkennen, dass unser Glück bereits in unseren Händen liegt. Es ist oft eine Entscheidung unsererseits, kein Resultat, und hat vielmehr mit der persönlichen Lebenseinstellung zu tun, mehr als wir glauben. Gelingt es uns, Aufmerksamkeit dem Reichtum zu widmen, den wir bereits haben, werden wir unvorhergesehene Glücksmomente erleben.

Erfüllung lässt sich weder erjagen noch erzwingen, sie fängt bei uns selbst an. Denn wenn wir glauben, dass wir ohne einen bestimmten Menschen oder eine Errungenschaft nicht erfüllt und zufrieden sein können, verfallen wir in eine gewisse Abhängigkeit, welche wir uns selbst auferlegen. Dabei binden wir unser Wohlgefühl zu sehr an Umstände. *Denn ob wir Glück haben oder nicht, ist oft Zufall. Aber ob wir Glück erleben und als solches empfinden, ist meist eine bewusste Entscheidung unsererseits.*

So banal es auch klingen mag, sollten wir uns öfters auch jenseits aller Umstände dazu entscheiden, einfach glücklich zu sein. Auch eine frische Beziehung, eine exotische Weltreise und viel Erfolg im Beruf werden uns nicht mit Dauerglück erfüllen, es sei denn, wir entscheiden uns dabei bewusst, glücklich und positiv zu sein.

Und manchmal können wir auch einen Versuch starten, unseren Blickwinkel zu verändern. Als Erwachsene neigen wir beispielsweise eher dazu zu vergessen, dass sehr viel Lebensfreude hervorgerufen wird, wenn wir unsere Augen auf die unscheinbaren und kleinen Dinge richten, in denen aber bei genauer Betrachtung die Fülle unseres Daseins liegt. Sich darauf einzulassen, könnte eine erfrischende Gelassenheit bewirken, welche darauf basiert, den Augenblick bewusster zu erleben.

Vielleicht wäre dies eine Möglichkeit, wie wir jene Freude der Kindheit auch als Erwachsene wieder entdecken können. Letzten Endes sorgt unser »Glücklich sein« nicht nur dafür, dass wir viel mehr Zufriedenheit aus all unseren Lebensbereichen ziehen, es verbessert beispielsweise auch unser Liebesleben, indem wir eine attraktivere Aura sowie einen höheren Selbstwert ausstrahlen, welche anziehend wirken.

Zwischen Glück und Erfüllung

Selbst wenn wir zahlreiche Anleitungen zum »Glücklich sein« durchblättern, hält die Freude meist nicht lange an. Die Erholung aus einem Urlaub verfliegt nach ein paar Tagen wieder, und wir sind erneut urlaubsreif. Auch während einer langen Partynacht hält der Rausch durch Alkohol nur für wenige Stunden an, bevor wir danach meist zeitweise in ein Loch fallen.

Zahlreiche Glücksmomente wie etwa eine gelungene Partnerschaft mit tollem Sex, ein beruflicher Aufstieg, die Freude an einem neuen Sportwagen steigern zwar den momentanen »Höhenflug« im Leben, befördern uns zeitweise auf Wolke sieben, aber flachen dann meist wieder ab, sobald ein gewisser Befriedigungsgrad erreicht ist.

Die Erfüllung hingegen nicht.

Denn die Erfüllung zeichnet sich durch ihre Tiefe und Langfristigkeit aus. Sie besteht nicht aus Willkür und ist auch nicht von gewissen Umständen abhängig. Erfüllung bedeutet im erweiterten Sinne glücklich und zufrieden sein auf »Wolke sechs«, anstatt Wolke sieben. Eine Antwort auf die Suche nach unserer langfristigen Zufriedenheit.

Viele für Außenstehende, objektiv betrachtet, »glückliche Menschen« erleben zwar Glück in materieller sowie immaterieller Form. Aber sind jene auch zeitgleich erfüllt?

Bei einer meiner Lesungen stellte ich dem Publikum diesbezüglich folgende Frage: »Wer fühlt sich momentan in diesem Raum glücklich, hat je Glück in seinem Leben verspürt?« Nahezu alle Hände wurden daraufhin hochgehalten. Meine nächste Frage lautete jedoch: »Aber wer fühlt sich zeitgleich auch erfüllt?« Bedeutend weniger Leute konnten dieser Frage positiv zustimmen. Nicht jeder, der Glück und Wohlstand erlebt, führt automatisch auch ein erfülltes Leben.

Erfüllung bedeutet im erweiterten Sinne glücklich und zufrieden sein auf »Wolke sechs«, anstatt Wolke sieben.

Eine Antwort auf die Suche nach unserer langfristigen Zufriedenheit.

Doch was bedeutet dies konkret für unser Leben?

Für ein neues Erleben von Erfüllung ist nicht maßgebend, nur danach zu streben, stets die besten Partys zu feiern, den einzigartigen Momente zu erleben und materielle Werte anzusammeln, denn all dies führt nur zu kurzfristigen Glücksgefühlen. Dieser sogenannte »Höhenflug« ist ein vorübergehender positiver emotionaler Zustand. Danach flacht er rasch wieder auf sein Anfangsniveau ab.

Deswegen ist es wichtiger, unser Leben vermehrt danach auszurichten, eine solide Grundzufriedenheit zu erreichen, indem wir langfristige Glücksgefühle gegenüber kurzfristigen emotionalen »Höhenflügen« vorziehen und dabei auch Tiefpunkte nicht scheuen.

Denn um die Fröhlichkeit in ihrer ganzen Wesenhaftigkeit und ihrem Umfang wirklich zu verstehen und erleben zu können, dürfen wir uns den Tiefpunkten nicht entziehen, sondern sollten wir uns auf die Konfrontation einlassen. Ohne gewisse Tiefpunkte zu erleben, sind wir nicht fähig, die Dimension des Glücks zu verstehen. Nur so erlangen wir eine Ahnung davon, was uns überhaupt erfüllen kann.

Besonders während der Zeit, als ich schwer krank war, veränderte sich meine persönliche Vorstellung von einem Glücksmoment: »Einfach nur da zu sein« und mit einem inneren Frieden verwöhnt zu werden, wurde plötzlich ausreichend für meine Zufriedenheit. Mehr bedarf es nicht.

Erstaunlich, wie Fröhlichkeit und Leid so gegensätzlich

und dennoch auf eine Art und Weise verbunden sind!

Dennoch bevorzugen wir es meist, in unserer Komfortzone zu bleiben, anstatt uns den Problemen und Herausforderungen unseres Lebens zu stellen, die uns zwar, wenn wir sie angehen, kurzzeitig ein schlechteres Gefühl geben können, dafür aber langfristig unsere grundlegende Zufriedenheit erhöhen.

Wenn wir beispielsweise von einer schlechten Nachricht erfahren, ein belastendes Streitgespräch führen oder eine Herausforderung annehmen, die in uns negative Emotionen auslöst, erleben wir einen solchen Tiefpunkt. Doch Tiefpunkte sind genauso ein Teil des Lebens wie »Höhenflüge«, und wenn wir unser Leben permanent danach ausrichten, diese Tiefpunkte zu umgehen, anstatt sie zu durchschreiten, dann opfern wir damit oft ein Teil unserer langfristigen Erfüllung.

Die wirkliche Erfüllung, von der ich spreche, ist eher eine positive Grundeinstellung zum Leben, eine Zufriedenheit und in gewisser Weise eine Art »Standard-Glück«. Jene Zufriedenheit, welche wir aus einer intakten Beziehung, zahlreichen Freundschaften, Familie, dem Glück, einer sinnvollen Beschäftigung nachgehen zu können, aus Freiheit und unserer Gesundheit ziehen, können Dinge sein, die unsere Erfüllung und unser »Standard-Glück« ausmachen.

Für mich persönlich ist eine erfüllte Lebenszeit auch jene Zeit, welche man weder rückwirkend bereut noch denkt, zukünftig anders leben zu wollen. Wo ich mit einem Lächeln jetzt und hier spüre, dass ich gerade am richtigen Ort zur richtigen Zeit bin. Dies ist für mich die Essenz der Zufriedenheit. Oder im Sinne von Bob Dylan: »Was bedeutet schon Geld? Ein Mensch ist erfolgreich, wenn er zwischen dem Aufstehen und dem Schlafengehen das tut, was ihm gefällt.«

Dabei ist es ebenso wichtig, sich selbst als wertvoll anzuerkennen – und zwar unabhängig von Aussehen oder Gesundheitszustand, unseren Erfolgen und momentaner Nützlichkeit. In dieser Erkenntnis liegt ein entscheidender Schlüssel zur Suche nach Glück und Erfüllung verborgen.

Denn ob wir Glück haben oder nicht, ist oft Zufall. Aber ob wir Glück erleben und als solches empfinden, ist meist eine bewusste Entscheidung unserer.

Die letzte Juliwoche ging zu Ende. Das Wetter hatte sich zum Guten gewendet, und so begab ich mich mit freier Nase und offenen Ohren an einen Bergsee. Und je mehr Stunden ich dort verbrachte, desto müheloser wurde das Leben. Welche Genugtuung, den einzelnen Augenblick bewusst zu erleben!

Es war jene Zeit, in der ich ermutigt wurde, mich mit mir selbst zu befassen. So sprang ich genussvoll ins erfrischende Wasser, und dabei offenbarte sich mir die Natur einmal mehr als ein wunderbarer Ort, welcher uns Zugang verschafft zu dem, was wertvoll geworden ist: Stille, Zuwendung und Zeit.

Nur wenn wir uns zwischendurch konsequent rausnehmen, lernen wir zu verstehen, an was es uns im Alltag mangelt: an mehr Zeit für uns selbst sowie an Rückbesinnung und Raum zum Aufmerken.

Wie wirksam und bedeutungsvoll bereits ein paar Minuten Stille sowie mehr Zeit für uns selbst sind! Positive Veränderungen, ohne Zeit zum Nachdenken zu haben, sind fast immer unmöglich. Nur in einem Ruhezustand sind wir unverfälscht wir selbst. Denn wer Stille konsequent praktiziert, findet auch leichter zur Konzentration. Und wer Pausen macht, hat mehr vom Leben.

Erst als ich bewusst begann, gewisse Entscheidungen und Unternehmungen in meinem Leben, unabhängig von jeglichen Umständen durchzuführen, realisierte ich, wie enorm wichtig es ist, dass wir jene Fähigkeit des »Mit-uns-selbst-allein-Sein« zurückgewinnen. Diese Fähigkeit sollten wir vermehrt in unseren Alltag einbringen, um eine grundlegende Zufriedenheit zu erlangen.

Wie wichtig es beispielsweise ist, dass wir eine geplante Unternehmung oder Reise auch alleine durchführen sollten, wenn unsere Begleitperson dazu kurzfristig abgesagt hat. Wir dabei unsere Vorstellungen und Vorhaben nie zu sehr an diverse Abhängigkeiten knüpfen dürfen. Oder wenn wir gerne ins Kino, zu einem Musik-Festival oder in ein Café gehen möchten oder uns einfach in einem Club ins Nachtleben stürzen wollen, man aber an diesem Abend keinerlei Begleitung findet, wir es dennoch auch alleine durchziehen – sich darüber auch keinen Kopf machen, was andere Personen darüber denken.

Wir verpassen sonst zu viel von unserer schönen Lebenszeit, und nachwirkend werden wir möglicherweise unsere passive Haltung und Unterlassung mancher Pläne bereuen.

Ich persönlich habe spannende Erfahrungen damit gemacht, als ich die Dinge, welche ich gerne unternehmen wollte, stets durchgezogen und nicht abgesagt habe, nur weil ich auf mich alleine gestellt war. So banal es auch klingen mag, aber die Zwänge und Erwartungen der Gesellschaft schienen mir belanglos zu werden und die Zeit sowie meine Zufriedenheit an sich qualitativer.

Es wir uns nie gelingen, täglich die Achtsamkeit für uns selbst zu pflegen. Aber es ist schön, danach zu streben. *Und schenken wir uns selbst wieder öfters mehr Zeit und bewusste Zuwendung, erleben wir von innen heraus mehr Erfüllung, haben ein robusteres Selbstbild und sind glücklicher, weil unsere Zufriedenheit nicht von anderen abhängt, sondern einzig und allein davon, dass wir wissen, wir tun das Richtige in unserem Leben, das uns zufriedenstellt.*

Aber ist Alleinsein gleich Einsamkeit? Ich denke: nein.

Alleinsein ist vielmehr ein Kosmos voller Überraschungen und Entdeckungen, verbunden mit unvorhergesehenen Glücksmomenten. Denn nur im Alleinsein können wir uns wirklich selbst finden. Und Stärke erkennt man insbesondere dann, wenn jemand für sich sein kann, und dafür muss man sich nicht als Verlierer fühlen. Es kommt dabei nur auf die richtige Dosis an.

Ich erinnere mich an ein erleuchtendes Erlebnis, bei dem mir eine flüchtig bekannte Frau im Restaurant begegnete und mich dabei fragte, ob ich hier ganz alleine sei und ob ich mich deswegen nicht langweilen würde? Dabei setzte sie sich kurz zu mir und sagte: »Ehrlich gesagt könnte ich nicht einfach hier alleine sitzen, ohne mich mit jemandem zu unterhalten oder mich mindestens mit meinem Smartphone zu beschäftigen. Zudem würde ich mir dabei etwas doof vorkommen. Die anderen Leute rundherum denken sonst bestimmt, dass ich einsam bin.«

Abgesehen von ihrer authentischen Aussage war im Restaurant auffällig oft zu beobachten, dass, sobald jemand den Tisch für einen kurzen Toilettengang verließ, der Zurückgebliebene meist sofort das Smartphone aus der Tasche zückte und somit diese kurze Wartezeit mit Ablenkung füllte.

Alleinsein ist
vielmehr ein Kosmos
voller Über-
raschungen und
Entdeckungen,
verbunden mit
unvorhergesehenen
Glücksmomenten.
Denn nur
im Alleinsein
können wir
uns wirklich
selbst finden.

Da realisierte ich in jenem Moment aufs Neue, wie schnelllebig unser Dasein doch ist und wie häufig ich selbst abgelenkt bin und mit einem Auge bereits ins »Dort und Dann« blicke. Wir Menschen scheinen mit dem »Hier und Jetzt« nicht immer im Einklang zu sein. Dabei wären genau solche Momente des »Mit-uns-selbst-allein-Seins«, welche wir aushalten sollen, von tragender Bedeutung. Denn es sind jene wichtigen Momente, in denen auch Kreativität und Impulse in uns eindringen wollen und diese sich, wenn wir sie aushalten, als eine Quelle neuer Inspiration erweisen können. Aber durch die ständige Erreichbarkeit und zahlreichen Unterhaltungsmöglichkeiten, die uns von uns selbst ablenken, nehmen wir solche Momente leider oft nicht mehr bewusst wahr.

Denn erst, wenn wir dem »Mit-uns-selbst-allein-Sein« nicht mehr fliehen wollen, können wir über die Voraussetzungen nachdenken, ein ausgeglichenes und wahrhaftiges Leben zu führen. Denn nirgendwo können wir unsere Sinne so kristallklar bemerken wie in jenen Momenten, in welchen wir ganz wir selbst sind. Und vielleicht sollten wir vielmehr Momente des »Allein-seins« zulassen, ja sogar es schaffen, dass die »innere Stimme« zu Wort kommen kann. Vielleicht schlummert sie eine Weile, doch in uns existiert eine zarte, leise Stimme, die uns auffordert, uns wieder mit unserem Herzen zu verbinden. Es lohnt sich, auf diese Stimme zu hören.

Aber wie finden wir im Alltag mehr Raum für eine wertvolle Auszeit?

Nein, wir müssen dafür nicht unsere Arbeitszeit kürzen, unser Smartphone wegwerfen und auf eine Insel fernab verreisen. Es liegt einzig an unserem Lebensstil, der Auszeit-Balance im Alltag. Denn die Zeit, welche wir mit uns selbst verbringen, braucht auch nur von kurzer Dauer sein. Aber dabei ist wichtig, dass sie täglich praktiziert wird, ja, wir dieser Aktivität oberste Priorität einräumen – sie genauso ernst nehmen wie andere Tätigkeiten, sie sogar noch wichtiger nehmen. Denn es ist unmöglich für uns Menschen, einen ruhigen Zustand der Reflexion zu erreichen, wenn unser Leben ständig mit einer rasanten Geschwindigkeit abläuft.

So gelingt Entspannung

Eine wirkungsvolle Möglichkeit, um aus der Alltagsroutine auszubrechen, besteht beispielsweise darin, konsequent rauszugehen und einen Spaziergang zu unternehmen. Fast täglich gehe ich »mit mir selbst Gassi« und spaziere, sei es nur für einige Minuten, um zumindest für einen Moment abzuschalten und Zeit für mich selbst zu haben. So kann ich bewusster den Alltag erleben. Denn je mehr wir uns der Zeit widmen, umso mehr widmet sich die Zeit uns.

Deshalb empfehle ich, täglich mindestens fünfzehn Minuten an einem Ort zu verbringen, wo wir bewusst Ruhe und Zeit für uns selbst genießen können – wo genau, spielt dabei keine Rolle. Vielleicht während der Mittagspause auf einer Sitzbank im Stadtpark oder bei einem Spaziergang entlang dem Fluss. Oder ganz entspannt, einfach nur faul auf dem Sofa, jedoch ohne Unterhaltungsmöglichkeiten, die wiederum ablenken. Denn Zeit ist uns vielmehr auch gegeben, um aus ihr Lebenskraft zu beziehen.

Seitdem ich persönlich diese Technik anwende, eröffnen sich mir immer wieder neue Gedankengänge und Lösungsansätze. Dabei wäre es bereits ausreichend, wenn wir die Fähigkeit zurückgewinnen, selbst nur für kurze Zeit die Stille auszuhalten. Danach können wir uns wieder mit gutem Gewissen ins »Abenteuer Leben« stürzen, denn die wenigen Minuten Stille enthalten bereits wertvolle Energie für den ganzen Tag.

Wenn ich ungestört in der Natur spazieren gehe, durchströmen mich in der Regel die besten Gedanken und Ideen. Ich mache dies oft, weil ich die friedliche Ruhe so gerne mag. Es ist eine wunderbare Zeit, um nachzudenken. Was ich als besonders wahrhaft empfinde, ist die konstant bleibende Wirkung der Natur. Im Grünen erkennen wir die schlichte Lebensform wieder. Eine urtümliche Sehnsucht wird in uns geweckt.

Ich denke, wir Menschen sehnen uns nach diesem »Unveränderten«. Nach etwas Bleibendem, da doch sonst vieles dem Wandel der Zeit unterlegen ist. Die Beschaffenheit der Natur war und bleibt immer gleich. Immer das Eine und das Selbe unverändert. Ein Baum war immer ein Baum. Grün immer grün. Die Blume immer eine Blume.

Dabei schreibe ich manchmal stichwortartig darüber Notizen, was ich täglich als erfüllend empfand, mir am meisten Freude bereitete und mich berührte. Kurzum: Was für mich die »Essenz«, das »Highlight« des Tages war. Sowie auch daraus resultierende Weisheiten und Erkenntnisse. Neulich habe ich jene Notizen nach einer geraumen Zeit wieder durchgelesen. Auch rückwirkend sind diese ein wunderbarer Gewinn.

Und was ist deine persönliche »Essenz« des Tages? Falls du selbst dies ausprobieren möchtest: Schreibe einen Monat lang täglich ein kleines Tagesresümee. Liste dabei nur die positiven Erlebnisse und Gedankengänge stichwortartig auf. Du wirst feststellen, dass durch diese Methode jeder Tag an Sinn und Bewusstsein gewinnen wird und sich dadurch auch deine Dankbarkeit für die kleinen Dinge des Lebens zum Positiven verändern wird.

Oder Falls man sich diesen Luxus leisten kann: Weshalb nicht einfach mal zu Fuß oder mit dem Fahrrad zur Arbeit?

Bei mir persönlich wirkt dies Wunder, wenn ich durchs Grün zur Arbeit laufe. Nachdem ich eine gute Strecke zu Fuß zurücklege, wirkt sich dies positiv und entschleunigend auf den ganzen Tag aus. Man tut somit nicht nur etwas Gutes der Umwelt zuliebe, sondern auch unserem Wohlbefinden. Ich starte dabei ausgeglichener in den Alltag und kann diese positive Gelassenheit wie einen roten Faden bis abends beibehalten. Die Arbeitszeit wirkt qualitativ anders und ich empfinde mehr Zufriedenheit. Ich bin überzeugt, dass viele Menschen auf diese Art und Weise einen bewussteren Arbeitsalltag erleben können.

Des Weiteren habe ich im Laufe der letzten Jahre eine sehr effektive Technik erlernt.

Sobald ich in das »Abenteuer Leben« starte, spreche ich mir in Gedanken kurz vor, auf was ich mich besonders freue an jenem Tag, was meine Ziele sind und mir von essentieller Bedeutung ist. So halte ich mir bewusst, dass, egal was an Schicksalsschlägen sowie negativen Ereignissen auf mich zukommt, stets die alles tragenden Werte im Vordergrund stehen und unantastbar sein sollen. Und diese weiterhin die Basis für das Erleben eines zufriedenen Alltags darstellen. Somit versuche auch du, dir diese Methode anzueignen und diesem simplen Rat zu folgen! Auf diese Art und Weise gelingt es mir morgens, harmonisch in den Tag zu starten. Und was dabei genial ist: Diese Technik wirkt wahre Veränderung beim Erleben eines normalen Alltages. Durch die bewusste gedankliche Vorstellung und Zielsetzung steht jener Tag in einem differenzierten Kontext. Denn so erhält jeder Tag einen tieferen Sinn sowie kraftvolle Bedeutung und wird nicht als ein Zufallsprodukt wahrgenommen oder gelebt.

**Wie wirksam
und bedeutungsvoll
bereits ein paar
Minuten Stille
sowie mehr Zeit
für uns selbst sind!
Positive
Veränderungen,
ohne Zeit zum
Nachdenken
zu haben, sind fast
immer unmöglich.**

#LIFEGOESON

Gesunde Beziehungen sind etwas Schönes. Wenn diese jedoch ihr Verfallsdatum erreichen, die Gefühle erkalten oder man betrogen wird, kann unsere Welt zusammenbrechen. In jener Situation helfen uns dann keine Floskeln wie »irgendwann findest bestimmt auch du dein Liebesglück!«. Wenn es nur so einfach wäre! Das ist es aber in den meisten Fällen nicht.

Und manchmal denken wir, dass wir über den seelischen Schmerz und Liebeskummer bereits hinweg sind, auf bestem Wege loszulassen und glücklich zu sein. Doch überraschenderweise ist manchmal nur ein kurzer Musikklang, ein emotionaler Traum oder eine reale flüchtige Begegnung mit dieser Person ausreichend, damit unser Herz plötzlich und unerwartet wieder unter Flammen steht. Sämtliche Gefühle und Erinnerungen, welche scheinbar verborgen waren, steigen dabei wieder hoch, und man realisiert in jenem Moment aufs Neue, dass man zwar über das Vergangene größtenteils hinweg ist, aber die Wunden und Narben noch nicht ganz verheilt sind – selbst Monate und Jahre danach.

Oft bleiben uns dabei als einziger Trost der Gedanke und die Gewissheit, dass sich Gefühle mit der Zeit von alleine ändern – sie bleiben nie gleich. Und das Schöne dabei ist: Gefühle und ein gebrochenes Herz wachsen auch wieder nach!

Wenn wir beispielsweise zum Friseur gehen und dieser uns irrtümlich die Haare viel zu kurz schneidet, stehen wir perplex unter Schock. Gleichzeitig wissen wir aber auch, dass unsere Haare wieder nachwachsen. Ebenso ein Baum, der seine Blätter im Herbst verliert, jedoch im Frühling wieder in voller

Pracht dasteht – dasselbe gilt auch für unsere Gefühle.

Denn selbst in den dunkelsten Zeiten, in denen wir meinen, dass dieser enorme Schmerz nach einer Trennung nie enden wird, haben wir stets die Gewissheit, dass sich unsere Emotionen diesbezüglich mit der Zeit ändern und dadurch Neues entstehen kann. *Auch wenn wir in jener Situation glauben, dass wir die Liebe unseres Lebens verloren haben, wir diese Person für immer vermissen werden, wir nie über diesen Verlust hinwegkommen werden und eine solche Person nicht wieder kennenlernen, kann uns jener Gedanke und die Gewissheit helfen, dass diese üble Situation nicht so unverändert negativ bleiben wird.*

Oft bleiben uns dabei als einziger Trost der Gedanke und die Gewissheit, dass sich Gefühle mit der Zeit von alleine ändern – sie bleiben nie gleich. Und das Schöne dabei ist: Gefühle und ein gebrochenes Herz wachsen auch wieder nach!

Denn mit der Zeit werden sich bewusst oder unbewusst, gewollt oder nicht gewollt selbst unsere Gefühle und Ansichten zum gesamten Geschehnis rückblickend ändern. Ebenso auch unsere Empfindungen gegenüber jener Person, welche wir geliebt haben. Und möglicherweise verändert sich dadurch auch plötzlich unsere Gefühlswelt zu anderen Personen im positiven Sinne: Vielleicht rückt dabei eine Person neu in den Fokus, welche vorher für uns nicht sichtbar war – durch den starken Liebeskummer.

Was uns jedoch bei einer Trennung oder unglücklichen Liebe am stärksten quält und dabei hindert loszulassen, ist dieser eine typische Gedanke: unsere feste Überzeugung, dass jene die richtige Person für uns war und auch weiterhin noch ist. Und dass genau diese für uns richtige Person nun mit jemand anderem zusammen ist. Dass ein Teil des Schmerzes immer noch fest darauf beruht, dass wir einen »seltenen Diamanten« in den Händen hielten und dieser jetzt verschwunden ist. Dabei wünschen wir uns jene Momente, welche wir nicht zurückerhalten können, und sehnen uns nach diesen.

Manchmal begehen wir auch den Fehler, dass wir die Person zu sehr idealisieren und uns somit von ihr abhängig machen. Dabei glauben, dass wir ohne diese unser inneres Glück nie finden werden. Vielleicht hat man durchaus viele Gemeinsamkeiten, Interessen, welche man austauscht, Qualitäten, welche man gegenseitig sehr schätz, aber dies bedeutet nicht automatisch, dass, nur weil viele Gemeinsamkeiten mit dieser Person ideal erscheinen, jene Person sich auch für uns persönlich als ideal erweist.

Und selbst wenn ich persönlich in gewissen Lebenssituationen diesbezüglich differenziert gehandelt habe, bin ich dennoch überzeugt, dass die richtige Person nur dann wirklich die richtige Person für mich sein kann, wenn sich diese bewusst für mich entscheidet.

Jeder Mensch hat eine Person verdient, welche ihn wirklich sieht, wie er wirklich ist.

Auch wenn wir denken, dass wir dieser Person so nahestanden, an ihren Gefühlen und an ihrem Leben teilnahmen, oder es auch effektiv machten, sollten wir nicht jener Person nachtrauern, welche uns nicht bewusst ausgesucht hat. Denn eine Traumbeziehung wird diese nie sein, solange sich nicht beide füreinander entschieden haben.

Diese Erkenntnis scheint banal zu sein, und dennoch fixieren wir uns so oft an diese Personen, selbst wenn uns bewusst ist, dass sich diese nicht für uns entschieden haben.

Nun, wir dürfen enttäuscht sein, weil wir dachten, jene Person wäre die Richtige für uns gewesen – auch Enttäuschung geht vorüber. Jedoch können wir uns selbst nicht langfristig einreden, dass jene die richtige Person war und dabei unser Eigenleben vernachlässigen und kleinreden. Oft betrügen wir uns selbst mit diesem Irrtum.

Wir alle erfahren immer wieder Situationen in unserem Leben, in denen wir uns von etwas verabschieden müssen. Sei es, dass wir eine Trennung durchleben, jemand Geliebtes verstirbt oder wir eine Veränderung benötigen und wir aufgrund dessen etwas zurücklassen. Dabei ist es normal, dass wir eine gewisse Zeit benötigen, um diesen Verlust zu verarbeiten und in die Zukunft zu blicken. Wir benötigen diese Zeit, um uns neu zu sammeln, dabei Altes abzubauen und uns darauf vorzubereiten, auf etwas Neues einzulassen.

Problematisch wird es jedoch, wenn diese Phase nie ein Ende findet. Wenn wir selbst Jahre nach einer Trennung oder einer negativen Erfahrung noch immer an dieser Person hängen. Denn dann hält uns jene Person nicht nur davon ab, unser Leben so zu leben, wie wir es wirklich wollen, sondern auch unsere Lebensfreude leidet darunter. Und was haben wir davon, wenn wir an diesem alten Ballast hängen? Wir blockieren uns dabei selbst die Möglichkeit, uns eine neue schöne Zukunft zu gestalten.

Denn wenn wir die Vergangenheit nicht ablegen und uns für die Zukunft öffnen, dann werden wir in einem Zustand gefangen sein, der uns definitiv nicht das vom Leben gibt, was wir wirklich verdienen. Es ist immer schwer, sich von Vergangenem zu lösen, doch nur wenn wir es tun, können wir uns zukünftig für Neues öffnen.

Dabei sollten wir ein grundlegendes Prinzip nie vergessen: dass wir in unserem Leben niemals zweite Wahl bei einem Menschen sein sollten, uns auch nicht mit dieser Position zufriedengeben müssen. Dieser Grundsatz hat mir persönlich besonders bei unerwiderter Liebe geholfen loszulassen, weiterzugehen und mich für Neues zu öffnen.

Es mag sich trivial anhören, aber hinter diesem Prinzip birgt sich ein wahrer Reichtum an gesundem

Selbstvertrauen und es lässt unseren Selbstwert sofort erkennen, insbesondere wenn wir uns im Liebesrausch manchmal blindlings von einer Person stark abhängig machen, welche uns jedoch bewusst nur auf ihrer Ersatzbank warmhält.

Herausforderungen,
denen wir
begegnen, sind
auch meist Chancen,
unsere Denkweise
zu verändern
sowie an uns selbst
zu wachsen.
Denn gerade jene
Zeiten können uns
dazu dienen, unsere
Wurzeln für
die wesentlichen
Dinge des Lebens
zu vertiefen.

Denn Selbstvertrauen ist deshalb ein wichtiger Faktor, um uns mehr Chancen im Liebesglück zu schaffen, weil es uns erlaubt, uns ins Unbekannte zu stürzen, mit Ablehnung umzugehen und auf diese Weise jede Chance wahrzunehmen, die sich uns eröffnet. Und sobald wir damit beginnen, unser Leben voller Selbstvertrauen zu leben, werden wir zudem eines bemerken: Je mehr wir auf uns selbst vertrauen, desto besser und stärker reagieren andere auf uns.

Aber selbst wenn wir uns noch frisch in einer Krisenzeit, unglücklicher Liebe oder Verzweiflung befinden, können wir uns auf eine Sache immer verlassen und in einen gewissen »sicheren Hafen« zurückkehren: *zu unserem inneren Reichtum – zu uns selbst.*

Auch wenn in diesem Moment die Rückkehr zu sich selbst als ein »kleiner Trostpreis«, einsam und ereignislos erscheint, können wir täglich den Versuch starten, auch aus dieser Leidenszeit eine positive und wertvolle Essenz zu gewinnen.

Herausforderungen, denen wir begegnen, sind auch meist Chancen, unsere Denkweise zu verändern sowie an uns selbst zu wachsen. Denn gerade jene Zeiten können uns dazu dienen, unsere Wurzeln für die wesentlichen Dinge des Lebens zu vertiefen.

So kann uns auf eine persönliche Art und Weise selbst eine Krisenzeit, wenn man sie richtig nutzt, als Schlüssel dienen, um auf die Erkenntnis zu stoßen, was uns überhaupt wirklich erfüllt. Und wer dabei loslassen kann, schafft mehr Raum für den inneren Reichtum.

Hippokrates meinte dazu: »Bevor du jemanden heilen willst, frage ihn, ob die Bereitschaft da ist, jene Dinge aufzugeben, welche ihn krankgemacht haben.«

Unser innerer Reichtum definiert sich dadurch, dass wir selbst bei Verlust des Liebsten und Wertvollsten, bei totalem Schiffbruch, dennoch auf vergangene Momente und Erlebnisse glücklich und erfüllt zurückschauen können. So habe ich während übler Lebenslagen den inneren Reichtum als letztes und wertvollstes Hab und Gut empfunden. Als das, was einzig sicher und unantastbar ist. Letzten Endes ist der eigene innere Reichtum der stärkste und längste Strick, wenn alle anderen Stricke reißen.

So können uns seelische Verletzungen und Enttäuschungen im Leben dazu auffordern, ganz tief in uns zu sehen, um zu verstehen, wer wir eigentlich sind und was wir eigentlich wollen. Es sind jene Zeiten, die uns am meisten prägen, nicht die unbeschwerten und sorglosen Tage.

Viele verbannen die Zeiten des Leidens in ihrem Leben als etwas unbedingt zu Vermeidendes. Dabei brauchen wir meist genau diese Zeiten, um auf die Erkenntnis zu stoßen, was wirklich von Bedeutung ist. Krisensituationen können uns verhelfen, den Blick zu klären, indem sie unabweisbar immaterielle Werte in den Fokus rücken, wie etwa den unersetzbaren Wert einer Freundschaft, unserer persönlichen Freiheit und Gesundheit. Aber auch das Glück zu arbeiten, einer würdevollen Beschäftigung nachgehen zu können.

Und dabei immer wieder die essentielle Frage aufwerfen: Was ist es eigentlich, was mein Leben wirklich lebenswert macht und mich erfüllt?

Letztendlich können wir überaus wertvolle Erfahrungen über das Leben im Allgemeinen und uns selbst im Besonderen gewinnen.

Jeder Mensch, der nach einer persönlichen Krise wieder auflebte, erinnert sich besonders an diese Phase, denn es sind meist jene schwierigen und bisweilen ausweglos erscheinenden Lebenslagen, welche unsere Maßstäbe für den Grund wahrer Zufriedenheit und Dankbarkeit grundlegend verändern können.

Nach einem gebrochenen Herzen sind wir meist auch auf eine gewisse Art und Weise »wertvoller« geworden. Wenn uns danach jemand um Rat bittet, werden wir besser behilflich sein können. So können Phasen des Scheiterns dazu beitragen, neue Perspektiven und Ansichten zu erhalten und den inneren Reichtum zu vermehren.

Manchmal setzen wir aber irrtümlicherweise unseren Fokus zu verbissen darauf, wie wir den Schmerz und Liebeskummer unmittelbar, so schnell wie möglich heilen können, und treffen dabei unzählige Freunde, sprechen andauernd nur noch darüber. *Dabei sollten wir auch unseren Fokus darauf verlegen, jene Zeit als Möglichkeit anzusehen, an eigener Persönlichkeit zu wachsen, die Beziehung zu uns selbst zu pflegen und im Liebeskummer viele Dinge über sich selbst zu lernen.* Und wenn es uns dabei gelingt, trotz übler Lebenslage anstelle von Verbitterung echten Optimismus zu leben, um den bedeutenden Wert der Liebe zu bewahren, dann geraten wir möglicherweise in den kostbaren Besitz jener Weisheit, dass gerade in hoffnungslosen Situationen die wertvollsten Schätze verborgen sein können. Meist gelingt es uns jedoch erst im Nachhinein, diese aufzupicken.

Jeder Mensch
hat eine
Person verdient,
welche ihn
wirklich sieht,
wie er
wirklich ist.

Wir alle kennen die Situation und oft scheint es ganz harmlos zu beginnen: Man verdrängt erst unangenehme Gefühle, statt sie zu äußern – danach entsteht plötzlich eine schnelle Pendelbewegung voller gegenseitiger Vorwürfe, Provokationen und Beleidigungen, welche in Gang gesetzt wurde und man meist nicht mehr aus eigener Kraft anhalten kann. Die Rede ist von einem belastenden Streitgespräch.

All unser Handeln basiert auf unseren Emotionen. Wenn ungelöste Konflikte in uns brodeln, dann werden sie bei dem kleinsten Auslöser herauskommen. In Beziehungen beruhen die meisten Streitigkeiten auf ungelösten Konflikten, die einer der beiden Partner verspürt.

Neulich habe ich persönlich eine solche Situation erlebt – ich war genervt. Meine eigentliche Reaktion darauf wäre gewesen, noch im selben Moment eine Gegenreaktion, also eine direkte, kontra Botschaft loszuwerden. Doch irgendwie entschloss ich mich, auch wenn es bei dieser Angelegenheit angebracht schien, sofort zu reagieren, 24 Stunden mit meiner Reaktion abzuwarten.

In den meisten Fällen wäre es sicherlich besser gewesen, die Sache gleich auszudiskutieren und sich direkt damit zu konfrontieren. Also am sinnvollsten eine direkte und klare Kommunikation. Es wäre eigentlich auch normal und menschlich, seine Emotionen sowie Unmut offen und klar kundzutun, noch im selben Moment.

Jedoch sollten wir öfters die Situation abwägen, was gerade angebracht ist, mitten in der »Hitze des Gefechts«. Denn es gibt einige Fälle und Situationen, und diese sind nicht selten, in welchen die Stille der bessere Ratgeber ist.

Stille insbesondere dann, wenn wir nicht alle Fakten kennen, wir den Konflikt nicht, ohne zu schreien, aussprechen können und wenn unsere Wörter Freundschaften zerstören könnten.

Und wie wertvoll ist es, dass es ein kleines »Heilmittel« dazu gibt, welches kostenlos ist und bei uns selbst beginnt: loslassen und vergeben!

Vergeben aber bedeutet Freigeben. Das Ereignis wird dabei nicht aufgerechnet, sondern als abgeschlossen angesehen, selbst wenn man sich an das Geschehene durchaus erinnern kann und es meist auch in Erinnerung bleiben wird.

**Entscheidend ist,
dass man
dem Gegenüber
»innerlich« vergibt
und dabei
negative Emotionen
loslässt, denn so
lange man
nicht verzeihen
und loslassen kann,
klebt man an
alledem und kommt
nicht davon los.**

Dabei ist es nicht unbedingt notwendig, dass die Person, mit der man einen Konflikt hat, um Entschuldigung bittet. Und möglicherweise wird jene Person ihr Leben lang nie wirklich das Gefühl haben, etwas falsch gemacht zu haben. *Aber entscheidend ist, dass man dem Gegenüber »innerlich« vergibt und dabei negative Emotionen loslässt, denn so lange man nicht verzeihen und loslassen kann, klebt man an alledem und kommt nicht davon los.*

Zugegeben: In einer solchen Situation dem Gegenüber großzügig zu sein, zu vergeben, ist leichter gesagt als getan und natürlich auch abhängig vom Ausmaß des Geschehens.

Aber es ist schön, danach zu streben, denn man durchbricht den Kreislauf, dass ein Unrecht wieder das nächste gebiert. Das Verzeihen und das Einüben des Verzeihens erweist sich als ein bedeutender Schlüssel zur Unabhängigkeit von den eigenen Emotionen.

Mit dieser sogenannten »24-Stunden-Regel«, also erst mal die Emotionen abkühlen lassen, selbst runterzufahren und erst am nächsten Tag zu handeln, habe ich meist sehr gute sowie auch überraschende Erfahrungen gemacht. Denn angenommen, ich hätte noch am selben Abend, als ich genervt war, in meiner Aufregung direkt reagiert. Wie hätte dabei meine Reaktion ausgesehen?

Wenn ich meinem ersten Impuls gefolgt wäre, die Person sofort darauf anzusprechen oder zu kontaktieren und sie mit dem Konflikt direkt zu konfrontieren, dann wäre jegliche Konfrontation in diesem Zustand fatal, möglicherweise eskalierend gewesen. Vielleicht wäre dabei auch die Beziehung und Freundschaft zu jener Person auseinander gegangen. Meine Wortwahl wäre lediglich meinen Emotionen entsprungen. Jedes Wort hätte ja förmlich nur dazu gedient, meine aufgebrachte Meinung kundzutun. Zudem hätte man sich gegenseitig nur mit Vorwürfen »zugetextet«.

Doch hätte dies der Person gegenüber sowie der Gesamtsituation im positiven Sinne gedient? Es wäre nicht konstruktiv gewesen.

Wie wertvoll es ist, dabei erst am nächsten Tag zu handeln, können wir meist schon am nächsten Morgen erfahren. Und das Erstaunliche dabei war, dass ich bemerkte, wie ich selbst mit einer gewissen »Distanz« plötzlich differenziert über jene Begebenheit nachdachte und empfand. Die »24-Stunden-Regel« ließ mich den realen Wert jener Person wieder erkennen, während dieser in Streitgesprächen oft untergeht. Mich bewegte der Konflikt emotional bei Weitem nicht mehr so stark wie am Vorabend.

Und ehrlich gesagt war ich froh darüber, dass ich am Abend zuvor nicht reagiert habe, denn am nächsten Morgen wäre wohl Schadensbegrenzung angesagt gewesen – dies mit viel Aufwand und möglicherweise auch in Verbindung mit Verlustängsten.

Diese Methode, die »24-Stunden-Regel«, ist gewiss nicht bei jeder Situation anwendbar – dies mag zutreffen. Aber im Zweifelsfalle ist diese jedoch meist eine schöne Möglichkeit, um in gewissen Momenten unsere Selbstbeherrschung zu behalten und nicht direkt zu handeln. Denn in der Zurückhaltung und Stille liegt meist eine enorme Kraft.

Aber weshalb fällt es oftmals so schwer, den Menschen zu vertrauen und zu vergeben?

Weil wir so oft enttäuscht wurden. Meist sind heutige Überreaktionen aus unserer Vergangenheit abzuleiten, aus diversen Verletzungen in Beziehungen, im Freundeskreis und Arbeitsleben, in der Karriere sowie auch in den nicht beeinflussbaren Umständen, welche unser Leben nun mal vorgibt.

Bei vielen steckt dabei die Wut über das Erfahrene ganz tief. Das innere Karussell kreist.

Der einzige Weg aus dieser Misere und Negativ-Spirale, welche sich oft endlos zu drehen scheint, ist, dass wir sie durchbrechen, und zwar für uns selbst – für unsere Wertvorstellungen.

Indem wir loslassen, den Fokus auf unsere persönlichen Ziele richten, dabei auch bereit sind, unseren Stolz beiseitelegen zu können und nicht Gleiches mit Gleichem zu vergelten.

Rache ist leider eine dominierende Grundstimmung vieler Menschen. Ganz nach dem Motto: »Ich wurde betrogen, also ist es für mich nun auch legitim, andere zu betrügen.«

Der eigene Schmerz sowie die daraus resultierende Enttäuschung und Verletzung wird somit eher als »Freipass« verwendet und missbraucht, um der nächsten Person dasselbe anzutun oder zumindest eine Gleichgültigkeit für die Gefühle des Gegenübers zu entwickeln. Die eigenen Wertvorstellungen werden dabei meist unterdrückt, wohl aus eigener vergangener Enttäuschung und Vertrauensproblemen. Allerdings oft sind wir vom Menschentyp her gar nicht so eingestellt, aber durch unsere negativen Gefühle und Emotionen handeln wir dann dementsprechend, weil wir versuchen, unsere eigenen Verletzungen auf diese Art und Weise zu betäuben. Dies wird uns jedoch nie so gelingen – im Gegenteil.

Der einzige Weg aus dieser Misere und Negativ-Spirale, welche sich oft endlos zu drehen scheint, ist, dass wir sie durchbrechen, und zwar für uns selbst – für unsere Wertvorstellungen.

Dieser verletzende Weg bringt einem selbst zwar das vorübergehende Gefühl der Befriedigung, treibt aber die negative Spirale eines unheilvollen Kreislaufes weiter an.

Stellen wir uns unser Herz wie ein »rotes Lämpchen« vor, welches leuchtet – voller Klarheit und positiven Gefühlen.

Ich erinnere mich an meine Kindheit, an das erste Verliebtsein, als wäre es gestern gewesen. Unser »rotes Lämpchen« hat damals meist noch klar geleuchtet. Zumindest wusste man als Kind noch nicht so genau, was es bedeuten würde, wenn jemand dieses Licht abrupt abstellt und uns dabei verletzt. Meist gutgläubig haben wir geliebt und uns lieben lassen. Wir waren wichtig – einfach durch unser Dasein.

Die erste Liebeserfahrung, meist durch unsere Eltern, erwies sich für uns als der erste Sinn, den wir kennen gelernt haben. Weil sie uns anlächelten, lernten wir zurückzulächeln.

Aus dem Vertrauten und der Geborgenheit heraus wuchsen wir allmählich in die Realität, den schonungslosen Alltag hinein. Das begann mit der »Schultüte«. Und ganz anders als in unserer frühesten Kindheit wurden wir dann in der Gesellschaft nach unseren Fähigkeiten und Leistungen beurteilt. Die Wertschätzung, die wir dann brauchten, hing nun vermehrt von unserem Aussehen und unserer Leistungskraft ab. Wir erhielten nicht mehr Anerkennung, einfach nur durch unser Dasein.

Danach folgte meist die erste große Liebe und mit ihr auch oft der erste große seelische Schmerz. Dabei fing unser »rotes Lämpchen« erstmals richtig an stark zu blinken, denn es war verwundet und wusste nicht genau wohin mit all diesen negativen Gefühlen.

Und schon damals standen wir genau an demselben Punkt, nämlich vor unserer persönlichen Wertetafel mit zwei uns gegebenen Optionen: Gleiches mit Gleichem vergelten oder erhaben darüber sein – für unsere eigene Wertvorstellung?

**Die erste
Liebeserfahrung,
meist durch
unsere Eltern,
erwies sich für uns
als der erste Sinn,
den wir kennen
gelernt haben.
Weil sie uns
anlächelten,
lernten wir
zurückzulächeln.**

Das furiose »Singleleben«?

In der Liebe gibt es bekanntlich kein Richtig oder Falsch – sie kennt keine Regeln und Formeln. Eine Beziehung kann wunderbar sein, aber genauso das »Singleleben«. Der Philosoph Walter Benjamin äußerte sich diesbezüglich wie folgt: »In einer Liebe suchen die meisten ewige Heimat. Andere, sehr wenige aber das ewige Reisen.«

Das Wichtigste bei allen diesen Beziehungs- und Liebesentscheidungen scheint jedoch zu sein, dass man den Weg, welchen man einschlägt, ob in einer Beziehung oder als Single, zufrieden und überzeugt auslebt.

Wenn wir uns also beispielsweise dazu entschlossen haben, ein »Singleleben« zu führen, sollten wir bewusst in diesen »Singlezug« einsteigen und dabei das Leben so leben, wie es uns dann gegeben ist – mit allen Vor- und Nachteilen.

Ich habe zahlreiche unglückliche Singles erlebt, nicht weil sie etwa einsam waren oder ihre Lebenssituation unbefriedigend, sondern weil sie zwar bewusst in den »Singlezug« eingestiegen sind, aber dabei permanent mit unglücklicher Laune mitfahren. In Wahrheit wollen diese doch lieber in den »Beziehungszug«, welcher gegenüber durchfährt. Und dasselbe gilt auch andersrum, bei ebenso zahlreichen Leuten, welche bewusst in den »Beziehungszug« eingestiegen sind, aber auch unzufrieden mitfahren.

Dies ist ja durchaus eine wertvolle Sache, wenn man erkennt, dass man eigentlich gerne eine Beziehung führen würde oder unsere aktuelle Beziehung uns tatsächlich mehr schadet als erfreut. Nur dies wird dann zum Problem, wenn man Single ist und dabei verkrampft nach der großen Liebe, Partnerschaft und Zweisamkeit sucht, diese aber trotz etlichen Bemühungen leider einfach nicht findet.

Es gibt Zeiten, in denen es in unserem Liebesleben nicht wirklich vorwärtsgeht. An dieser Stelle resignieren dann leider viele. Nicht nur mit der Hoffnung, dass es doch noch klappen könnte mit einer glücklichen Beziehung, sondern sie resignieren mit sich selbst.

Aber Zeiten ändern sich bekanntlich. Man weiß nie, was ein neuer Tag in sich birgt, und bei solch einem Stagnationspunkt sollten wir auch lernen loszulassen, umzudenken und dabei unsere veralteten Denkmuster, welche uns bisweilen zurückhielten, hinter uns zu lassen. Dabei mutig einen neuen Weg einzuschlagen und die kostbare Lebenszeit, bis wir uns in einer glücklichen Beziehung wieder finden, auch zufrieden als Single verbringen. Denn anstelle von Verbitterung und Enttäuschung darüber, dass man momentan nicht in jener gewünschten Beziehung steht, wäre es erfrischender, einfach mal im Hier und Jetzt die Lebenszeit optimal zu nutzen. *Und sich dabei folgendes Credo zuzusprechen: »Bis ich in meiner gewünschten Beziehung lebe, sei es morgen oder auch erst in einem Jahr, will ich mein Leben trotz aller Sehnsüchte nicht aufgeben und anhalten, sondern bewusst die Überraschung, die jeder Tag in sich birgt, vorbehaltlos annehmen.«* Denn sobald man jene veralteten Denkmuster loslässt, zieht man auch oft das Gewünschte an. Vielleicht auf einer Reise, vielleicht per Zufall im Bus oder an der Ampel oder bei einer flüchtigen Begegnung im Café.

Es ist in Ordnung, Fehler zu machen, mal abgelehnt zu werden. Oder nicht immer das zu bekommen, was man will, und auch manchmal seelischen Schmerz zu verspüren. Aber es ist nicht in Ordnung, wenn wir rückwirkend bereuen, nicht wirklich gelebt zu haben und stattdessen lieber frustriert etwas jagen, was zurzeit einfach nicht existiert. Dabei zu resignieren und nicht zu erkennen, dass uns das Leben so viel mehr bieten kann, wenn wir uns nur selbst dafür öffnen.

Denn wie schade wäre es, wenn wir in einer glücklichen Beziehung stehen, dabei in die vergangenen zwei Jahre vor dieser Beziehung blicken und erkennen, dass wir unser Single-Dasein völlig leblos verbracht haben?

Und wie schön ist es, wenn wir innerlich spüren, dass wir sowohl als Single sowie auch in unseren Beziehungen und Freundschaften stets eine tiefe Zufriedenheit erlangten, weil wir wussten, dass, egal wie die Umstände aussahen, stets das Schöne darin entdeckt wurde und unsere Lebenszeit dabei nicht ungelebt blieb!

Die meisten von uns verspüren anfangs dreißig so langsam einen Druck, mal sesshaft zu werden. Doch oft haben jene das Gefühl, als Verlierer der Gesellschaft angesehen zu werden, wenn sie mit Mitte dreißig noch immer nicht in festen Händen sind und die Familienplanung nicht vorwärtsgeht. Dabei setzen viele bei gewissen Erwartungshaltungen an, dass, wenn wir nicht die »große Liebe« finden, wir möglicherweise deprimiert durchs Leben gehen und letzten Endes einsam werden, ohne jemals richtig gelebt zu haben. Aber genau bei diesen gesellschaftlichen Erwartungen und Zwängen tritt oft die Tatsache in Vergessenheit, dass weder eine

Beziehung noch ein furioses »Singledasein« ausreichend sind, um allein für unser Lebensglück zu sorgen.

Es gibt viele Bereiche in unserem Leben, die alle zusammen dafür verantwortlich sind, ob wir uns gut fühlen oder nicht – und unser Liebesleben ist nur einer davon – entgegen vieler anderer Ansichten, welche uns beispielsweise durch etliche Hollywood-Filme irrtümlicherweise vermittelt werden.

Wenn wir uns also nach einer Beziehung sehnen und uns diese wirklich wünschen, dann ist es schön, danach zu streben. Diese kann uns sehr viel Zufriedenheit und Lebensfreude schenken, sowie einen erweiterten Lebenssinn. Aber wenn wir unserer eigenen Erfüllung noch vor einer Beziehung Vorrang geben, dann werden wir dabei auch deutlich mehr Zufriedenheit und Ausgeglichenheit in einer Beziehung sowie im »Singledasein« erleben.

Ich erinnere mich an diese Erfahrung, als wäre es gestern gewesen. Als ich als zehnjähriger Junge zum ersten Mal so richtig Hals über Kopf in ein Mädchen aus meiner damaligen Schulklasse verliebt war, schwebte ich natürlich auf Wolke sieben. Und ich konnte nicht umhin zu denken, wie fröhlich ihre Ausstrahlung war. Und genau das verlieh dem Mädchen eine besondere Schönheit.

Als ich nach einem sonnigen Augusttag vom Schulsport zuhause ankam, schüttete ich erstmals mein Herz bei meinem älteren Bruder aus. Dabei werde ich nie vergessen, wie mich mein Bruder an jenem Sommerabend dazu ermutigte, ihr meine Gefühle offen zu gestehen und sie um ein »kleines Date« zu bitten. Dies kostete damals wohl ebenso viel Mut wie heute, denn unser Alter spielt bekanntlich dabei keine Rolle.

Also ermutigte mein Bruder mich dazu, sie direkt anzurufen und dabei zu fragen, ob sie Lust haben würde, sich mit mir am Wochenende zu treffen, um Volleyball spielen zu gehen.

Die Kommunikation verlief damals wohlverstanden ziemlich analog, ohne »Whatsapp« und sonstige digitale Kontaktmöglichkeiten. Was mir also lediglich übrig blieb, war ihr einen Brief zu schreiben, an ihrer Haustüre zu klopfen oder sie direkt anzurufen. Ich entschied mich dabei für Letzteres. *Und als ich den Telefonhörer bereits in den Händen hielt, fragte ich meinen Bruder: »Soll ich wirklich jetzt anrufen oder nicht lieber irgendwann mal in den nächsten Tagen?« Mein Bruder meinte dazu: »Nein, vielleicht lieber heute, wenn die Gefühle noch frisch sind.«*

Dabei war für mich die größte Überwindung, zuerst mit ihren Eltern am Haustelefon sprechen zu müssen, da die Eltern damals das Telefon meist abgenommen haben, denn es gab ja meist nur eines in den Haushalten. Somit war dann auch den Eltern sofort bewusst, mit welchem Junge sich ihre Tochter vielleicht treffen wird, und mir ebenso bewusst, dass ich meine Liebesgefühle mit jenem Anruf schon klar offenbart habe, ohne ein Wort über meine Gefühle gesprochen zu haben.

Also entschloss ich mich anzurufen, sprach zuerst mit ihrer Mutter, daraufhin wurde der Name meiner großen »Kinderliebe« lautstark durch ihr ganzes Haus ausgerufen, damit wohl auch ihre Hauskatze von meinen Anruf erfährt, und danach sprach ich endlich mit ihr.

Diesen Anruf werde ich nie vergessen. Denn ich wusste nicht, wohin mit den Schmetterlingen in meinem Bauch, bis ich ihre Stimme vernahm, sie mir zum »kleinen Date« zusagte, sich dabei meine Aufregung unmittelbar neigte und sich in eine kindliche Zufriedenheit umwandelte.

Wenn wir uns unser erstes Verliebtsein vor Augen führen, werden wir feststellen, dass wir Erwachsene uns oft nach dieser kindlichen Liebe und auch etwas naiven Vorstellung sehnen, nach diesem natürlichen Kennenlernen und kindlichen Vertrauen. Dem Kinderwesen.

Wenn wir uns auf die Suche nach diesem verlorenen Kapitel machen, führt kein Weg an unserer Kindheit vorbei. Denn wenn es darum geht, den Moment bewusster zu erfassen, unseren Emotionen freien Raum zu lassen, sollten wir uns an den Kindern orientieren. Nicht die nach unseren Maßstäben großen Ereignisse, sondern diese kleinen und oft im Alltag untergehenden Wahrnehmungen wollen das Wunder schaffen, das Leben in seiner vielfältigen Abenteuerlichkeit zu begreifen. Es liegt an uns, dies zu erkennen und zu deuten: Das erste Verliebtsein und das Lächeln eines Kindes gehören dazu.

Und besonders in der Gegenwart entpuppt sich jene »kindliche Vorstellung« einer persönlichen Beziehung als bedeutungsvoller denn je. Nichts kann an den unersetzlichen Wert und die exklusive Wirkung heranreichen, über die echte Begegnungen mit Menschen, das persönliche Erleben von Freundschaften und ein authentisches Miteinander. Sei es in der Kindheit oder in der Gegenwart.

Also legen wir unsere Kindheit nie ab. Das Kind in uns kann das Leben als ein Fest oder ein einziges großes Abenteuer verstehen.

Die Liebe in Zeiten der Pferdekutsche

Schließen wir für einen Moment unsere Augen und stellen uns dabei vor, wie vor langer Zeit ein heimliches »Date« aussah und ablief, zu einer Zeit, in welcher es noch keine Mobiltelefone, Armbanduhren, kein Google-Maps und keine Autos, geschweige Social Media gab.

Die moderne Technologie und Dating-Apps erleichtern uns heutzutage die Kommunikation sowie die Spontanität in unserem Liebesleben, aber das Spannende bei jener Vorstellung ist die damalige zwischenmenschliche Verbindlichkeit.

Stellen wir uns also vor, dass sich zwei liebende Menschen vor hunderten Jahren treffen wollten. Zur Orientierung dient lediglich ein freistehender Baum auf einem Hügel als »Date-Treffpunkt«. Die Abmachung der zwei sich Liebenden am Vortag war wie folgt: »Morgen, wenn die Sonne leicht über dem Hügel steht, treffen wir uns genau unter diesem Baum wieder.« Nachdem unmittelbar nach dieser Abmachung jeder auf sein Pferd stieg und davonritt, je nach Wohnort eine lange Distanz, galt wohl besonders zu jener Zeit dem Verlass auf eine verbindliche Abmachung viel. Man musste sich dabei besonders bei einem Treffen auf das Wort des anderen verlassen können.

Springen wir aber nun wieder gedanklich in die Gegenwart. Wir haben also ein »Date« vereinbart und wissen dabei genau, um welche Zeit es stattfinden wird. Aber irgendwie ist uns zwischenzeitlich die Lust auf dieses Treffen vergangen. Oder eine andere Aktivität, ein Alternativprogramm hat sich spontan am selben Abend als noch attraktiver herausgestellt. Und dabei neigen wir heutzutage eher dazu, anstatt ehrlich zu sagen, was wir meinen: »Ich bin zu faul, um zu dir zu kommen, und habe keine Lust mehr«, lieber kurzfristig vor dem vereinbarten Treffen uns mit folgenden knappen Worten zu melden: »Sorry, mir ist etwas dazwischengekommen, schaffe es heute Abend doch nicht mehr.« Oder Worte wie: »Hey, bin unterwegs, aber komme wohl erst später. Oder wollen wir unser Treffen nicht lieber verschieben?«

Und nun drehen wir dieselbe Situation wieder hunderte Jahre zurück. Niemand von den beiden Liebenden konnte es sich damals leisten, kurzfristig abzusagen. Jeder wusste dabei genau, dass der andere bereits einen langen Weg auf sich genommen hat, um genau unter jenem Baum zu warten, wenn die Sonne leicht über dem Hügel steht. Selbst wenn etwas dazwischengekommen wäre und dabei dieses Treffen wirklich von Bedeutung war, hätte man wohl trotzdem unter dem Baum zum vereinbarten Sonnenstand erscheinen müssen, um die Situation persönlich zu erklären. Man konnte dabei die wartende Person nicht einfach so kommentarlos im Stich lassen. Auch weil gewisse Ängste da waren, dass jene Person bei unserem Nichterscheinen logischerweise nach geraumer Zeit verschwinden würde.

Aber vielleicht hilft es uns ja bei unseren zukünftigen Treffen, »Dates« oder sonstigen Verabredungen, ab und zu einfach mal an diesen Gedanken anzuknüpfen und uns diesen vor Augen zu führen. Sich dabei die mit uns verabredete, wartende Person als jene vorzustellen, welche unter dem Baum steht und sich bewusst für uns Zeit nimmt. Sich sehr wahrscheinlich auf das Treffen freut und trotz zahlreicher anderer Unterhaltungsmöglichkeiten und Optionen sich dazu entschieden hat, uns zu treffen.

Unter Freunden

Bestimmt hast auch du dich in manchen schönen Lebenssituationen schon gefragt, wieso du in jenem Moment genau dort stehst, wo du bist, glücklich und zufrieden? Sowie auch in schlechten Lebenssituationen, einsam oder gar seelisch belastet?

Oft sprechen wir dann vom Glück im Leben – oder eben Unglück. Aber hast du dich bisher mal ernsthaft mit dem Gedanken auseinandergesetzt, wie wichtig und einflussreich jene Freunde und Bekannten sind, mit welchen wir uns alltäglich umgeben?

Meist unterschätzen wir, dass allein fünf gute Freunde, also Menschen, die uns fördern, guten Rat geben und uns ermutigen, großen Einfluss auf unser Leben ausüben und uns auch rückblickend an Orte führen können, von welchen wir bisweilen nur geträumt haben. Aber auch allein fünf »vermeintliche Freunde« mit schlechtem Einfluss uns an Orte führen können, von welchen wir auch rückblickend nur fliehen möchten.

Deswegen scheint es sinnvoll zu sein, dass wir uns gelegentlich in verschiedenen Lebensabschnitten kritisch hinterfragen, mit welchen Menschen wir uns umgeben und mit welchen wir schlussendlich unsere wertevolle Lebenszeit verbringen wollen. Des Weiteren auch, welche positive Energie sie uns übertragen, verbunden mit der Frage: Was kann ich ihnen Gutes tun und was sie mir? Und bei gewissen Leuten müssen wir uns auch bewusst dazu entscheiden, zukünftig keine Zeit mehr mit ihnen zu verbringen, sowie auch lernen, diese loszulassen. Dies besonders dann, wenn die

Gemeinschaft mit ihnen uns mehr schadet als erfreut.

Und als ich mich mit diesem Thema tiefgründiger auseinandersetzte, wurde mir verstärkt bewusst, wie wichtig es für eine erfüllte Lebenszeit ist, dass wir uns mit Menschen umgeben, welche unseren Wert erkennen, und wir uns daran stets erinnern sollten. Sowie was von noch größerer Bedeutung ist: die reale und unverfälschte Begegnung mit jenen Menschen, die wir lieben, und ein Teil ihrer kostbaren Lebenszeit, welche sie uns schenken. Aber auch die Gewissheit, dass wir dem Gegenüber etwas bedeuten und wir wertvoll sind. Denn in unserer Hingabe und Zeit für Menschen liegt der wahre Erfolg.

Solch echte Freundschaft mit positiven Einflüssen können wir auch oft dadurch erkennen, dass es jene Menschen sind, welche uns vertrauensvoll annehmen, uns sehen, wie wir sind, und uns bedingungslose Liebe entgegenbringen – eine Liebe, die nicht an Leistung geknüpft ist.

Es sind Menschen, bei denen wir wissen, dass wir einfach so sein können, wie wir sind, und unsere Persönlichkeit geschätzt wird. Selbst wenn ihr persönliches Interesse an unseren Vorlieben für gewisse Dinge vielleicht klein ist, begleiten uns diese Menschen dennoch darin und unterstütztenuns. Sie ermutigen uns, Dinge zu wagen und zu riskieren. Auch in Verzweiflung und Krisensituationen können wir auf sie zählen. Sie fördern oft unsere Entwicklung, und so hinterlassen sie positive Spuren und guten Einfluss in unserem Leben.

Selbst wenn wir auf unsere Kindheit zurückblicken,

aber auch ein Auge der Gegenwart zuwerfen, können wir erkennen, dass es meist einen guten Grund gibt, weshalb wir gewisse Menschen kennenlernen. *Dabei werden uns manche Menschen herausfordern, uns versuchen runterzuziehen. Andere wiederum werden das Beste aus uns herausholen. Aber jeder Einzelne wird uns dabei etwas über uns selbst lehren. Es sind oftmals jene Begegnungen und Bekanntschaften, welche uns zu dem gemacht haben, was wir heute sind und wo wir heute stehen.*

Denn wie wichtig uns Beziehungen erscheinen, erkennen wir meist erst dann, wenn wir sie verloren haben oder diese uns als letztes wertvolles Gut übrig bleiben. Sich füreinander Zeit nehmen, Beziehungen und die damit verbundene persönliche Begegnung gehören zu den wichtigsten Dingen in unserem Leben. Und wenn wir zurück auf unser Leben schauen, werden wir nicht denken: »Hätte ich doch mehr Zeit in meine Karriere investiert oder ein schnelleres Motorrad erworben. Hätte ich doch mehr Zeit im Internet verbracht oder bei der Arbeit.« Es wird keines dieser Dinge sein, sondern: »Ich wünschte, ich hätte mehr Zeit mit den Menschen verbracht, die ich liebe!«

Es liegt an uns selbst, Freundschaften zu gestalten, damit sie unser Leben und das des Gegenübers reicher machen können. Und damit kommen wir auf uns selbst: Umgeben wir uns wirklich mit jenen Menschen, welche unseren Wert erkennen? Und wenn ja, wer sind diese?

Jahrelang konnte ich persönlich nicht viel mit dem Spruch anfangen: »Lerne erst dich selbst zu lieben, bevor du Liebe weitergibst«. Und ehrlich gesagt finde ich diese Aussage immer noch teils abstrakt. *Aber nun verstehe ich besser, dass sich selbst zu lieben auch bedeutet, sich selbst zu finden.*

Deshalb sollten wir die Selbstliebe in einen größeren Kontext der Liebe einordnen – sei es bei der Liebe, welche wir verschenken oder empfangen. Denn ebenso bedeutungsvoll wie die zwischenmenschliche Liebe zählt auch die Selbstliebe, also unsere Selbstfindung und Zufriedenheit, welche eine gewisse Grundvoraussetzung für ein gesundes Leben ist.

Dennoch ist Liebe etwas, was man gewissermaßen ja nur umschreiben kann. Liebe hat nichts mit Bedingungen zu tun, sie hat etwas zu tun mit Annahme ohne Leistung. Und manchmal verlieren wir Menschen, welche uns wichtig waren, weil gewisse Gefühle und Umstände sich verändert haben, aber entdecken uns selbst in jener Zeit wieder – unseren Selbstwert.

Oft verlieren wir durch eine unglückliche Liebe oder meist bei einer toxischen Beziehung unseren Selbstwert – wir verlieren uns dabei selbst. Weil wir so viel Liebe und Energie verschenkt haben, aber selbst keine zurückerhielten. Deshalb ist es umso bedeutungsvoller, dass wir unser Glück und unsere Lebensfreude aus Beziehungen gewinnen, in denen wir uns als die Person, die wir sind, angenommen wissen. Das heißt, bedingungslos und umfassend – wenn wir erfahren, dass wir nicht erst durch unser Verhalten etwas leisten müssen, sondern für die Person an sich wertvoll sind.

Erst dann werden wir frei davon, uns nur von unseren Leistungen her zu verstehen und uns von unseren Erfolgen abhängig zu machen. Dann erst verstehen wir, was es bedeutet, gleichzeitig zu lieben, geliebt zu werden und sich dabei selbst zu finden. Denn nur, wer sich selbst geliebt weiß, kann Liebe weitergeben.

Aber um sich selbst zu lieben, müssen wir zuerst uns selbst finden. Dabei herausfinden, wer wir wirklich sind, was wir eigentlich wollen und wohin unser »Abenteuer Leben« hinsteuern soll.

Wir Menschen sind »Gewohnheitstiere«. Wenn wir beispielsweise von der Arbeit nachhause kommen, stellen wir gerne einfach mal den Fernseher an – je nach Gewohnheit auch stundenlang. Denn manche Abläufe prägen sich uns schnell ein. Und bestimmt gehören gewisse Unterhaltungsmöglichkeiten zum Alltag und Leben dazu. Eine spannende Netflix-Serie am Abend kann eine schöne Möglichkeit sein, um entspannt herunterzufahren. Wenn wir jedoch diese gewohnten Abläufe und auch gewisse Zeitvertreiber hinterfragen, werden wir feststellen, dass man besonders produktiv sowie kreativ wird, wenn man diese geregelten Abläufe gelegentlich durchbricht und sich stattdessen mit seinem Eigenleben und seinen Fähigkeiten bewusst auseinandersetzt. Verbunden mit der Frage, was unser Leben wirklich lebenswert macht?

Und um dieser Frage auf den Grund zu gehen, können wir uns gelegentlich folgende essentiellen Lebensfragen stellen, um unsere Persönlichkeit zu durchleuchten. Denn uns selbst so kennenzulernen, wie wir wirklich sind, ist eine wichtige Aufgabe! Nur dann können wir auch das finden, was uns wirklich erfüllt. Dieser ganze Prozess ist ein wunderbarer Gewinn. Unsere jeweilige individuelle Auseinandersetzung mit folgenden Fragestellungen wird uns Antwort und Aufschluss darüber geben, was uns letzten Endes am wertvollsten erscheint und was wirklich von Bedeutung ist.

Wer bin ich und was liegt mir am Herzen?

Was macht mich wirklich glücklich?
Was motiviert mich? Was kann ich gut?
Wofür bin ich dankbar?
Lebe ich meine Träume?
Welche Zeit ist für mich wichtig und welche nicht?
Welche Entscheidungen sind bedeutend für mein Leben?
Was für ein Leben will ich eigentlich führen? Noch dasselbe wie jetzt?

Wie und wo finde ich am besten zu mir selbst?

Wie kann mir Spiritualität im täglichen Leben helfen?
Wie kann ich Halt finden im Leben?
Bin ich mir selbst ein guter Partner?
Fühle ich mich wohl, wenn ich alleine bin?
Umgebe ich mich mit den »richtigen« Menschen?

Was würde ich tun, wenn ich nur noch 24 Stunden zu leben hätte?

Welchen Moment oder welches Lebensereignis würde ich gerne nochmals erleben wollen?

Was bliebe ungelebt, was wäre vollendet?

Welchen Ort würde ich nochmals sehen wollen, welche Reise unternehmen?

Wen würde ich nochmals umarmen und küssen wollen?

Was würde ich rückblickend über mich selbst und mein Leben schreiben?

Was will ich mit meiner persönlichen Freiheit anstellen?

Welche Dinge wollte ich in meinem Leben schon immer ändern?

Welche Dinge verschiebe ich immer auf morgen, würde sie aber gerne heute erleben?

Wenn ich noch einmal 18 Jahr alt wäre – würde ich alles wieder genauso machen? Warum?

Woran sollen sich Menschen erinnern, wenn sie einmal an mich zurückdenken?

Und selbst der Weg, um im Leben glückliche Beziehungen zu führen, verläuft erst über die Entwicklung einer guten Beziehung zu sich selbst. Denn bevor man anderen ein guter Partner oder eine gute Partnerin sein kann, muss man zuerst mit sich selbst klarkommen, das »Innere« bearbeiten, damit man für eine Beziehung bereit und tauglich sein kann. Dabei ein eigenes Fundament entwickeln, um darauf aufbauend eine glückliche Beziehung mit anderen führen zu können.

Zahlreiche Beziehungsprobleme, die wir erleben, beruhen nicht etwa auf zu viel Streit, mangelndem Sex oder dass man nichts gemeinsam als Paar unternimmt – diese Dinge sind eher Symptome einer Beziehung, welche nicht rund läuft. Sie beruhen vielmehr auf einer inneren Unruhe und eigenen ungelösten Problemen, die wir dann in irgendeiner Form auf unsere Beziehung reflektieren.

Oft sind Unzufriedenheit und Stress in einer Beziehung auch darauf zurückzuführen, dass der Partner oder die Partnerin bereits eine innere ausgeprägte Unruhe oder ein Ungleichgewicht verspürt. Oder manch eine Person verspürt eine innere Leere während der Beziehung und ist unzufrieden mit sich selbst, versucht dabei diese Unzufriedenheit durch eine flüchtige Bekanntschaft zu kompensieren. Oder wiederum eine andere Person hat es vielleicht nie gelernt, allein klarzukommen, und bindet sich dann so stark an die Partnerin, den Partner in seinem Leben, bis jene oder jener sich dann zu sehr einengt fühl und somit die Beziehung ins Wanken gerät.

Diese Unruhe und Unzufriedenheit überträgt jene Person dann direkt in die Beziehung, manchmal auch unbewusst, und hofft, dass sich alles zum Besseren wendet. Wir sehen dann die Beziehung als einen gewissen Zufluchtsort für ein besseres Leben. Dabei wird vom Gegenüber erwartet, dass es uns wieder glücklich macht und dieses Ungleichgewicht heilt, wodurch somit unbewusst die Anforderung an die Partnerin oder Partner gestellt wird, dass jene oder jener für unser Lebensglück verantwortlich sei, und dem Gegenüber damit Aufgaben aufzwingt, die er oder sie nicht hat. Denn wenn einer oder beide Partner einer Beziehung mit sich selbst nicht zufrieden sind, dann werden sie es in ihrer Beziehung erst recht nicht sein. Aber wenn wir an Paare einer glücklichen Beziehung denken und überlegen, was die Essenz ihrer Zufriedenheit ist, dann denken wir an Dinge wie Anziehungskraft, Charme, Chemie und natürlich Liebe, welche sie füreinander verspüren. Oder vielleicht denken wir auch an den gemeinsamen »Lifestyle«, der als Fundament ihrer glücklichen Beziehung dient. Doch woran wir oft nicht denken, ist ein bestimmter Faktor, welcher unter der Oberfläche ruht, jedoch die Fähigkeit verleiht, eine ausgeglichene und glückliche Beziehung zu führen.

Dieser Faktor ist die innere Unabhängigkeit, also erst unsere eigene glückliche Beziehung zu uns selbst, welche ein Paar dann gemeinsam weiterentwickeln kann. Wir denken bei zufriedenen Paaren oft nicht daran, dass sie reflektiert sind, dass sie all diese Machtspiele und innere Unruhen abgelegt haben und nicht in die Beziehung einbringen, die sie aus ihrer Vergangenheit und schlechten Erfahrungen mitgenommen haben. *Denn gute Beziehungen gelingen nicht etwa automatisch, weil die Partner wie verzaubert füreinander bestimmt sind, sondern weil sie in erster Linie eine unabhängige und gesunde*

Beziehung zu sich selbst entwickelt haben und diese dann als Paar weiterentwickeln. Dabei eine gemeinsame Stärke aufgebaut haben, die es ihnen erlaubt, eine glückliche Beziehung zu führen.

Aber nun verstehe
ich besser,
dass sich selbst
lieben, vielmehr
auch bedeutet,
sich selbst
zu finden.

Deswegen kann auch in einer guten »Nähe-und-Distanz-Balance« ein weiteres Geheimnis einer funktionierenden Beziehung liegen. Eine gesunde »Distanz« kann sich deshalb positiv auf das Miteinander auswirken, weil genügend Freiraum vorhanden ist, um sich selbst weiterzuentwickeln. Sonst bleibt man möglicherweise irgendwann gemeinsam stehen. Und auch, dass wir mehr Zeit mit uns selbst verbringen können, da wir ohne diese Fähigkeit ein weniger ausgeglichenes Leben führen.

Aber unabhängig davon, ist das Entscheidende, dass wir von innen heraus erfüllt sind, wir ein robustes und klares Selbstwertgefühl entwickeln und dadurch glücklich sind, weil unsere Zufriedenheit nicht von anderen abhängt, sondern einzig und allein davon, dass wir gelernt haben uns selbst zu lieben, liebe zu geben und zu empfangen, wir dabei stets wissen wer wir sind, und was wir eigentlich sein wollen.

Dennoch ist Liebe etwas, was man gewissermaßen ja nur umschreiben kann. Liebe hat nichts mit Bedingungen zu tun, sie hat etwas zu tun mit Annahme ohne Leistung.

Und dann stehen wir plötzlich da und wollen diese drei Worte aussprechen. Das gelingt uns meist, oftmals aber auch nicht. Aber wenn wir diese aussprechen, dann werden sie immer eine bestimmte Wirkung hinterlassen – möglicherweise noch jahrelang danach.

Diese drei Worte haben uns nie kaltgelassen, wenn sie uns persönlich betroffen haben, denn sie bewegen und konfrontieren zugleich. Sie beglücken und sind voller Lebenslust. Können aber auch ungemütlich sein, unter Druck setzen. Sie können tausend Glücksmoleküle freisetzen, jegliche Lebenspfade verändern und ein Leben komplett auf den Kopf stellen. Und für diese ganze emotionale Achterbahn benötigen wir Menschen nur drei Worte – »ich liebe dich«.

Manchmal unterschätzen wir, was Worte und die damit verbundene »direkte Kommunikation« bewirken können. Sie wecken in uns Gefühle der Zuversicht und des Vertrauens, Begeisterung und Liebe. Durch das direkte Wort allein verspüren wir, dass wir dem Gegenüber etwas bedeuten. Sie lösen in uns Erinnerungen aus. Auch bestimmte Gefühle und Düfte verknüpfen wir mit ihnen. Sie können uns zum Lachen und zum Weinen bringen.

Die ungefilterte Sprache, die wir nutzen, hat eine starke Auswirkung auf uns und andere. Und meist erinnern wir uns an Begegnungen mit Menschen aufgrund ihrer entgegengebrachten Wertschätzung, ihrer Worte, welche sie uns mitteilten.

Wo Beziehungen zwischen Menschen funktionieren, ist das erste Erkennungszeichen meist immer eine klare Kommunikation. Wo die klare Kommunikation jedoch gefehlt hat, sind meist daran auch die Beziehungen zerbrochen.

Wenn wir uns also auf Weg machen wollen, unsere persönlichen Beziehungen zu Menschen wieder zu stärken, beginnen wir am besten damit, mehr Zeit und Aufmerksamkeit den persönlichen Begegnungen zu widmen. Dazu gehört besonders auch gerade beim sich »Frisch-Kennenlernen«, Dating und direkten Ansprechen jeweils Mut und Offenheit.

Was wir uns deshalb stets vor Augen halten müssen, ist, dass wir jene Dinge, die wir tun möchten, aber letzten Endes doch nicht durchführen, rückwirkend mehr bereuen werden als die Dinge, welche wir getan haben – selbst wenn diese nicht so ausgegangen sind, wie wir uns sie erträumt haben.

Aber in jenem Moment, in welchem wir einer bestimmten Person etwas, was uns auf dem Herzen liegt, sagen wollen, diese ansprechen wollen, nachdem wir beispielsweise im Café sie schüchtern beobachten und sie uns gefällt, dann spüren wir oftmals dieses innere Hindernis, welches es uns schwermacht, direkt und offen mit dem Gegenüber zu kommunizieren. Besonders wenn wir persönlich auf die Person zugehen wollen.

Was uns oft davon abhält, diesen Weg einzuschlagen, ist zum einen, dass auf uns gewisse positive sowie negative Konsequenzen warten, und zum anderen, dass wir uns ins Ungewisse stürzen, in fremdes Terrain begeben und dabei nicht wissen, was uns erwartet.

Die Angst vor einer Zurückweisung oder vor einer öffentlichen Bloßstellung lähmt uns dabei und verhindert, dass wir locker und entspannt auf die Person zugehen können. Wir würden zwar gerne handeln, aber in solch einem Fall ist es uns meist wichtiger, keinen »Korb« zu bekommen, als vielleicht eine Person erfolgreich anzusprechen, die uns gefällt.

Was wir uns deshalb stets vor Augen halten müssen, ist, dass wir jene Dinge, die wir tun möchten, aber letzten Endes doch nicht durchführen, rückwirkend mehr bereuen werden als die Dinge, welche wir getan haben – selbst wenn diese nicht so ausgegangen sind, wie wir uns sie erträumt haben.

Dabei ist es besser, wenn wir mal abgelehnt werden oder wir etwas falsch interpretieren, dafür aber in den meisten Fällen nach unserem inneren Impuls und Gefühl handeln und wir dabei das tun, was wir wirklich wollen.

Wir sollten deswegen damit beginnen, nicht immer den sicheren und bequemen Weg gehen zu wollen und dabei in Kauf zu nehmen, deutlich weniger Abenteuer zu erleben, nur um Fehler oder Ablehnung zu vermeiden.

Dazu benötigen wir jedoch eine gewisse innere Unabhängigkeit, verbunden mit einem gesunden Selbstvertrauen, welche uns erlaubt, mal abgelehnt zu werden und wieder aufzustehen, weil wir nicht emotional davon abhängig sind und wissen, dass wir auch so wertvoll sind – selbst wenn es uns andere nicht direkt sagen oder uns damit bewusst verunsichern wollen.

Denn es ist jene innere Unabhängigkeit, die es uns erlaubt, mit einem Lächeln uns gut zu fühlen, auch wenn wir Ablehnung erfahren haben und nicht immer das bekommen oder erreichen, was wir wollen. Welche es uns auch erlaubt, mit Enttäuschung sowie mit emotionalem Schmerz umzugehen und dergleichen zu verarbeiten, weil wir ausgeglichen mit uns selbst sind und unsere Emotionen im Griff haben.

Und genau diese Unabhängigkeit ist eine nötige Voraussetzung, damit wir unseren Gefühlen und Impulsen mehr Raum zuweisen und unseren eigentlichen Wünschen direkter nachgehen können. Zudem wirken wir dadurch auch attraktiver und führen ein selbstbewussteres Leben, finden auch leichter zu neuen Bekanntschaften, wenn wir dieses eine Hindernis abgelegt haben und diesbezüglich frei in unserem Denken und Handeln sind.

Ich persönlich habe es so erlebt, dass ich es meist rückwirkend bereut habe, wenn ich einem Impuls oder Gefühl nicht gefolgt bin, obwohl ich es innerlich eigentlich wollte.

Doch nach einer jahrelangen Krankheitszeit, in welcher ich meist ans Bett gebunden war und währenddessen gar keine neuen Bekanntschaften machen konnte, wurde mir aufs Neue wieder deutlich bewusst, wie wenig wir Menschen unseren spontanen Gefühlen und Impulsen folgen und somit einiges ungelebt stehen lassen – wir diesbezüglich ein zu starkes Sicherheitsbedürfnis haben.

Ich habe dabei gelernt, dass es besser ist, mal abgelehnt zu werden, aber dafür im Klaren zu sein, dass man nichts verpasst hat, als möglicherweise eine wirklich tolle Gelegenheit zu verpassen, aus welcher vielleicht etwas Schönes entstanden wäre. Es lohnt sich meist immer, diesen Extraschritt zu gehen und über seinen Schatten zu springen. Man kann dabei nichts verlieren, nur selber daran wachsen – egal wie der Ausgang der Situation sein wird. Unser Leben ist schließlich zeitlich begrenzt. Was können wir schon im schlimmsten Fall dabei verlieren, jemanden direkt anzusprechen, der oder die uns gefällt? Meist gar nichts. Aber was können wir im besten Fall gewinnen, wenn wir es tun? Eine spannende Begegnung, aus der vielleicht mehr werden könnte.

Denn wenn wir uns frei und unabhängig von Ablehnungen und Meinungen anderer machen, werden wir verstehen, dass es sich diesbezüglich immer lohnt, das kleine Risiko einzugehen – wenn man beispielsweise dieses Gefühl verspürt, jemanden ansprechen zu wollen –, da der Gewinn und die damit verbundene Zufriedenheit bei einem geglückten Kennenlernen meist immer dem Risiko der Ablehnung überlegen sein wird – vor allem bleibt dabei nichts ungelebt in der Erinnerung. Denn eine Abfuhr kann noch gut am selben Abend verarbeitet werden – spätestens in den Folgetagen.

Es ist jene innere Unabhängigkeit, die es uns erlaubt, mit einem Lächeln uns gut zu fühlen, auch wenn wir Ablehnung erfahren haben und nicht immer das bekommen oder erreichen, was wir wollen.

Aber ein positiver Ausgang der Situation kann bereits der Beginn einer langen Zufriedenheit und rückwirkend eine der wichtigsten Lebensentscheidungen gewesen sein.

Zudem ist es völlig in Ordnung, auch mal abgelehnt zu werden. Natürlich ist es bitter, wenn man den Mut aufgebracht hat, eine Person anzusprechen, und das Vorhaben dann nicht von Erfolg gekrönt wird. *Aber eine Abfuhr kann viele Gründe haben und hat auch oft nichts mit uns persönlich zu tun. Vielleicht befindet sich die Person bereits in einer Beziehung, hat es eilig oder hat einfach momentan kein Interesse. Wenn unsere Ansprache jedoch respektvoll war, gibt es keinen Grund, an uns zu zweifeln. Wir können dann trotzdem stolz sein, dass wir den ersten Schritt gewagt haben.*

Als ich beispielsweise im Spätsommer in den Bergen wandern war, habe ich dort in einer kleinen »Berg Beiz« eine nette Kellnerin kennengelernt. Aber mehr als »Smalltalk« war den Umständen entsprechend nicht möglich. Nach meinem inneren Gefühl und Impuls wollte ich sie eigentlich fragen, ob sie mal Lust hätte, was mit mir trinken zu gehen. Dies habe ich jedoch entgegen meinen eigenen Prinzipien unterlassen und bin daraufhin den steilen Berg wieder runtergewandert.

Aber bereits auf dem Rückweg quälte mich ein ungutes Gefühl. Ein Gefühl, welches mir eindringlich sagte, dass ich soeben eine gute Chance verpasst hatte. Und als ich immer weiter talwärts lief, wollte ich mich eigentlich mit der Situation abfinden. Aber dieses Gefühl ließ mich einfach nicht mehr los, und deshalb entschloss ich mich dazu, der »Berg Beiz« eine Mail-Nachricht mit meinem Anliegen zu senden. Und prompt erhielt ich von der Kellnerin noch am selben Abend eine positive Nachricht zurück.

Mein inneres Gefühl hatte mich also nicht betrogen. Im Gegenteil: Es zeigt mir auf, dass ich eigentlich die Chance aufgrund dieses »inneren Hindernisses« wirklich verpasst hätte und dabei Glück hatte, dass die Kontaktaufnahme zur »Berg Beiz« gelungen war. Denn hätte ich diese Option nicht wahrgenommen, wären diese Begebenheit und dieses Gefühl ungelebt in Erinnerung geblieben.

Aber natürlich ist nicht jeder Mensch vom Typ her extrovertiert ausgerichtet, und es fällt vielen Leuten schwer, eine Person direkt anzusprechen oder Gefühle zu äußern.

Deshalb ist eine weitere interessante Alternative, um auch ohne direkte Ansprache unsere Gefühle und Impulse frei zu äußern, indem man seine Handynummer aufschreibt, vielleicht mit einem markanten Spruch nebenbei, und der Person einfach zusteckt. Damit überlässt man dem Gegenüber die Entscheidung, sich bei uns zu melden, gleichzeitig war man selbst aber mutig genug, um auf die Person zuzugehen.

So oder so gilt: Ob spontan im Alltag oder beim Online-Dating – werde aktiv! Nimm dein Schicksal selbst in die Hand und überlasse nichts dem Zufall. Denn es warten viele spannende Begegnungen auf dich, die das Leben bereichern!

Und immer dort, wo wir mit Leidenschaft und Herz dabei sind, sei es mit direkten Worten oder einem kleinen Post-it, auf dem eine originelle Notiz steht, hinterlassen wir

Spuren. Spuren, welche Menschen in Erinnerung bleiben und nicht vergehen. Mit eigener und echter Begeisterung und Optimismus andere Menschen anzustecken, hinterlässt auf alle Fälle positive Erinnerungsmarken. Denn ein ernst gemeintes Lächeln bewirkt Zuversicht. Und authentischer Optimismus bewirkt Freude. Freude aber, kann ansteckend sein. Also machen wir uns zu dieser Art Ausnahme im Leben anderer!

Weißt du noch, wie viel Originalität und Energie du aufgewendet hast, als du damals überlegt hast, auf welche Art und Weise du deinem »Crush« klarmachen wolltest, was du für diesen empfindest?

Ob es ein kleines Herz auf einem Post-it war, eine schöne Liebesbotschaft mit »Straßen-Kreide« auf dem Asphalt, ein originelles Geschenk im Briefkasten hinterlegt oder eine etwas aufwändigere Angelegenheit. Es wurde uns heutzutage mit einem kurzen »Swipe« nach rechts vereinfacht – oder wurde dadurch plötzlich alles viel mühsamer?

Zugegeben, da ich ein starker Befürworter des »realen und direkten« Kennenlernens bin, war ich lange Zeit gegenüber Dating-Apps eher skeptisch und negativ eingestellt. Auch heute würde ich niemals empfehlen, ausschließlich darauf zurückzugreifen, stattdessen auch weiterhin die meiste Energie ins Kennenlernen bzw. in den direkten Weg zu investieren. Aber ich habe meine persönliche Einstellung diesbezüglich etwas gelockert. Die diversen Dating-Apps können durchaus eine gute Ergänzung zum »Face-to-Face«-Kennenlernen sein, somit eine weitere Möglichkeit, um insbesondere auch jene Menschen kennenzulernen, welche sich oft in der Realität verschließen, eher schüchtern sind oder sich einfach in anderen Kreisen bewegen als wir.

Denn vielerorts kann man es beobachten: Mittlerweile starren mehr Leute auf ihr Mobiltelefon als sich gegenseitig anzuschauen, um sich bequem in eine virtuelle Welt zu begeben. Die Menschen eilen über die Straßen, vorbei am Grün, ohne einen Augenblick nach dem blauen Himmel zu sehen oder sich einzulassen auf die alltäglichen Geschehnisse nebenan. Und was nützt heutzutage der schönste Ausblick aus dem Zuge, wenn wir nicht mehr aus dem Fenster schauen?

Aber im Umkehrschluss bedeutet das zugleich auch, dass Dating-Portale und Apps einen immer größeren Erfolg verzeichnen, einen starken Zuwachs erleben und sich somit immer mehr Paare auch online kennenlernen, dabei ihre »Dates« vereinbaren. Es lernen sich mittlerweile zahlreiche Leute lieber über »Tinder« kennen, als abends in eine Bar oder in einen Klub zu gehen, dort zu flirten und sich »verfügbar zu zeigen«.

Ob es ein kleines
Herz auf einem
Post-it war,
oder eine originelle
Liebesbotschaft
mit »Straßenkreide«
auf dem Asphalt.
Es wird uns
heutzutage mit
einem kurzen
»Swipe« nach rechts
vereinfacht. Oder
wurde dadurch
plötzlich alles
viel mühsamer?

Somit ist es eine erfrischende Alternative, sich in der heutigen Zeit auch verschiedener Online-Dating-Portale zu bedienen, diesen aktuellen Trend zu nutzen, um dabei ebenfalls spannende Leute kennenzulernen. Zum einen scheint es ja ganz simpel zu sein, dass wir uns einfach ein Profil erstellen müssen, mit Fotos und Beschreibungen, auf dem wir uns von unserer besten Seite präsentieren können. Dazu noch ein paar »Likes« verteilen – und sofort interessante »Matches« zu generieren.

Zur kurzen Erklärung: Ein »Match« ist beispielsweise bei der Dating-App »Tinder«, wenn zwei Leute angeben, dass sie einander toll finden, gerne einander schreiben möchten und sich dabei gegenseitig einen »Like« oder »Super-Like« verteilen.

Die Vorstellung, zahlreiche Leute so kennenzulernen, ohne den Mut auf sich nehmen zu müssen, diese direkt anzusprechen, ist ein Traum besonders für viele schüchterne sowie introvertierte Menschen, welche die Alternativen als sehr unangenehm und herausfordernd empfinden.

Denn das Online-Flirten ist wesentlich niederschwelliger, und so fällt es jenen Personen auf diese Art und Weise dort leichter, den ersten Schritt zu machen, Leute anzuschreiben sowie neue Kontakte zu knüpfen, als in der Realität. Somit müssen sie sich der Überwindung weniger oder gar nicht mehr stellen und können sich deswegen erlauben, Leute seltener wirklich direkt anzusprechen.

Ein klarer Vorteil ist zudem, dass wir uns online bei den Dating-Apps viel Zeit lassen können, um dabei sorgfältig zu überlegen, was und wie wir zurückschreiben wollen – auch nervöses Erröten fällt nicht auf. Dies können wir in der realen Welt bei einem direkten Gespräch eher selten. Dort müssen wir spontan reagieren, schlagfertig und überzeugt antworten.

Es sind genau jene Faktoren, welche die Dating-Apps als Instrument heutzutage so attraktiv und einfach machen, um möglichst auf schnellstem Wege neue Leute kennenzulernen.

Auf Dating-Apps Leute kennenzulernen, birgt wohl jedenfalls ein »Abenteuer Leben« in sich, gespickt mit zahlreichen spannenden Erlebnissen, diversen Höhen und Tiefen sowie verrückten Überraschungen. Es scheint zumindest wirklich für jeden etwas dabei zu sein: ob einfach nur coole, spontane »Dates« mit interessanten Leuten, eine passende Person für was Ernstes oder eher rein körperlichen Spaß. Anfangs gilt es unverblümt, eine neue Welt zu entdecken. Und als ich persönlich erstmals mit der »Tinder-Welt« in Berührung kam, habe ich gleich zu Beginn eine skurrile und amüsante Begegnung erlebt. Denn an jenem Frühlingsabend war mein erstes »Tinder-Date« angesagt, welches dann lustigerweise gar nicht wirklich mein eigenes gewesen ist. Als ich dabei in der Stadt unterwegs war, wollte ich eigentlich jemanden über »Tinder« treffen, aber diese Begegnung wurde spontan von jener Frau abgesagt. Danach wurde ich noch am selben Abend, also nur kurze Zeit später, von einem Kollegen dazu eingeladen, mich zu seinem »Tinder-Date« dazuzugesellen.

Auf Dating-Apps Leute kennenzulernen, birgt wohl jedenfalls ein »Abenteuer Leben« in sich, gespickt mit zahlreichen spannenden Erlebnissen, diversen Höhen und Tiefen sowie verrückten Überraschungen.

Dieses Szenario klingt etwas skurril, und so war es auch. Aber ich wusste, dass es genau jene verrückten Dinge im Leben sind, welche man einfach erleben muss.

Dabei saßen wir dann zu dritt da, ich, mein Kollege und sein »Tinder-Date«, tranken gemeinsam eine Flasche Rotwein. Und als ich gerade über die Ironie dieser Situation nachdachte, saß zufälligerweise mein eigentliches »Tinder-Date« für diesen Abend, welches mir aber kurzfristig abgesagt hatte, direkt vor mir. Jedoch bereits mit einer anderen Begleitung. In diesem Moment, selbst wenn es komisch klingen mag, empfand ich diese Situation als äußerst amüsant. Deshalb ging ich mit einem verschmitzten Lächeln auf sie zu und grüßte sie.

Aber natürlich findet man auch jene Personen auf den Online-Dating-Portalen, und dies wohl gleichermaßen, welche an einer ernsthaften Beziehung interessiert sind und dies auch klar kommunizieren.

Und wenn ich eine gewisse Essenz aus dieser Erfahrung teile, dann ist es jene, dass solch eine App sicherlich Schwung in unser Liebesleben bringt, aber alles eine Frage der Nutzung zu sein scheint. Diesbezüglich habe ich auch mit vielen Leuten gesprochen, welche diese Dating-Apps konstant nutzen. Dabei zieht sich eine gewisse Empfindung wie ein roter Faden durch: Viele prangern stets die Unverbindlichkeit, Kurzfristigkeit und eine »virtuelle Distanz« an. Andere wiederum heben genau diesen Punkt als einen grandiosen hervor, weil sie genau diese Unverbindlichkeit suchen.

Oder doch lieber »Swipe-Left«?

Für die Kennenlernphase bei einer aktiven Partnersuche scheinen die Online-Dating-Apps einen zufriedenstellenden und schnellen Erfolg zu bieten – oder wenn man einfach auf der Suche nach einer netten Bekanntschaft ist – und können durchaus als eine weitere Chance fürs Liebesglück entdeckt werden.

Zeitgleich vermögen aber diese Dating-Apps die Wirkung und das persönliche Erleben von Freundschaften und authentischem Miteinander nur spärlich ersetzen, liefern dabei beispielsweise keine befriedigende Antwort auf die Frage, wie wir uns in der echten Gegenwart eines bestimmten Menschen fühlen.

Insbesondere den bedeutenden Faktor der »realen Anziehungskraft« können die Online-Dating-Apps nie gleichwertig ersetzen. Oft nenne ich diese »Anziehungskraft« den sogenannten »Catch«. Andere wiederum würden diesen auch als einen gewissen »Reiz« bezeichnen. Für mich persönlich ist dieser »Catch« nicht nur eine rein äußerliche subjektive Wahrnehmung. Vielmehr ist jener auch als innere Verbindung zu einer Person zu verstehen – das innere Wesen des Gegenübers. Der wahre und unverfälschte Grund, weshalb man diese Person unbedingt wiedersehen möchte und dieses Gefühl der Anziehung unsere Gedanken überfällt und uns nicht mehr loslässt.

Denn die Anziehung ist jenes Gefühl, welches einen Menschen dazu bewegt, alles stehen und liegen zu lassen und sich Hals über Kopf zu verlieben. Und dies häufig entgegen jeder Logik! Und wenn wir uns ehrlicherweise je gefragt haben, warum manche Paare, völlig ungleich oder wie eine schlechte Partie füreinander erscheinen, aber trotzdem zusammen sind, dann ist das die Antwort: Weil sie es schaffen, das Gefühl der Anziehung auszulösen.

Die Anziehungskraft macht uns neugierig, motiviert, weckt unsere Endorphine und zieht Menschen magisch an.

Aber im Umkehrschluss scheinen die erwünschten anderen, nicht nur Frauen, in der virtuellen Welt noch viel selektiver zu sein als in der Realität. Dies mag daran liegen, dass Frauen zahlreiche »Likes« und Anfragen täglich bekommen, während sie im realen Leben normalerweise nur gelegentlich von einem Mann angesprochen werden. Denn all die schüchternen Männer, die sich in der Realität nicht trauen, auf sie zuzugehen, finden in der virtuellen Welt den Mut, es endlich zu tun. *Und genau diese Tatsache ist dafür verantwortlich, dass online Leute kennenzulernen dennoch um einiges komplizierter scheint als vielleicht erwartet.*

Denn durch die hunderten »Likes« sowie »Super-Likes«, welche man auf Dating-Apps wie »Tinder« erhalten und verteilen kann, steigt zwar das Selbstwertgefühl rapide an – natürlich auch das Angebot –, aber gleichzeitig verliert auch der Wiedererkennungswert an Bedeutung. Denn wenn wir diesbezüglich zurückschauen, waren es nicht meist die Ausnahmen und Besonderheiten, welche uns in fester Erinnerung bleiben? Wie der erste Kuss, frisch verliebt zu sein oder ein originelles Liebesgeständnis?

Wir finden dieses Erinnerungsmerkmal beispielsweise auch in den kleinen Liebesbriefen, welche wir damals vom Tischnachbar in der Schule erhalten haben und manche sogar jahrelang aufbewahrten. Somit Ereignisse und spannende Erlebnisse, die uns nicht nur eine Bekanntschaft oder einen Flirt vermittelten, sondern auch ein echtes Erinnerungsmerkmal, welches bei den Online-Dating-Portalen durch die tausenden digitalen Profile leider untergeht.

Besonders in der virtuellen Welt kann man bei den »Tinder-Matches«, noch bevor man jener Person im realen Leben begegnet ist, mit einem totalen »Error« rechnen, selbst wenn alles vielversprechend begann. Sei es, dass beispielsweise noch während des Schreibens die gesamte Konversation von einer Person kommentarlos gelöscht wird oder man einfach keine Antwort mehr erhält. Dann ist die Vorstellung jener Person in einer Sekunde verflogen – zu einem Nichts geworden. Dadurch macht sich nach einer bestimmten Dauer oft auch eine gewisse Ernüchterung breit – durch die Tatsache, dass es letzten Endes zu jenem Zeitpunkt, bevor die Person real getroffen wurde, doch nur Fotos und Beschreibungen sind und bis dato nicht mehr.

Auch bei einem weiteren »Phänomen« ist Folgendes zu beobachten: Nach einem gelungenen »Date« würde man gerne die Person kontaktieren, um sie wieder zu treffen, aber versteht es dann als eine taktische Niederlage, jene Person zu sein, welche sich zuerst wieder meldet. Das innere Karussell kreist wieder und ein gewisses Spiel entwickelt sich daraus. Wer meldet sich zuerst mit einer Nachricht? Oder wer »ghostet« gar sein Gegenüber aus Lust und Laune?

Aber immer, wenn uns jemand »ghostet«, also gar nicht mehr antwortet, offenbart sich die Person als jene, welche sie wirklich ist. Sie zeigt ihr wahres Gesicht dabei. Wir sollten auf diese Zeichen hören und nicht ignorieren, was uns diese Leute damit sagen wollen. Dabei uns nicht selbst einreden, dass die Person uns eigentlich mag, aber keine Zeit findet zum Antworten, oder wir uns deswegen dann tagelang mit diversen Fragen und Selbstzweifel quälen, wieso jene Person nicht mehr antwortet. Denn indem wir permanent interpretieren und nachdenken, beginnen wir zu viel unserer Energie in diese Person zu investieren, als diese es meist verdient. Und letzten Endes entpuppen sich diese Gedanken nur als Zeitverlust.

Aus zahlreichen
Begegnungen
weiß ich, dass wir
Menschen,
ob »online« oder
»offline«,schon
immer auf der Suche
nach echten
Begegnungen,
Liebe, Leidenschaft,
Geborgenheit und
einer wahrhaften
Lebenszeit
gewesen sind.

Um es in den Worten von Robert de Niro auszudrücken: »Erfolgreiche Personen antworten sofort auf Nachrichten, sie respektieren die Zeit des anderen. Nur Verlierer lieben es, dass du auf sie wartest. Denn das ist die einzige Möglichkeit für sie, sich wichtig zu fühlen.«

Also legen wir unseren Fokus lieber darauf, was wirklich von Bedeutung ist: Wenn man eine Person wieder treffen möchte, dann ist es sinnvoll, in dieser Situation unseren Stolz beiseite zu legen, sich wie gewollt bei dieser zu melden, und man wird mit einer klaren Kommunikation einen größeren inneren Frieden verspüren, weil wir wissen, dass wir schlussendlich doch näher als geglaubt auf unser Ziel zusteuern.

Denn der eigentliche Gedanke dahinter ist folgender: dass wir unsere Energie stets in Dinge investieren sollen, welche sich für uns gut und richtig anfühlen und dabei die toxischen und Besitz ergreifenden auszufiltern.

Deshalb müssen wir zukünftig selbstbewusst, aber auch kritisch entscheiden, wie wir diese Dating-Apps benutzen, welche eigentlich durchaus eine gute Alternative sein können, jedoch dabei unsere wertvolle Lebenszeit nicht auf Dinge und Menschen verschwenden, die unsere Energie beanspruchen, ohne dass wir Fortschritte machen – denn unser Leben und unsere Energie haben diesbezüglich Vorrang. Denn auch zahlreiche digitale Konversationen entpuppen sich in Wahrheit oft nur als Zeitvertreiber – als sogenannter »Feel-good-talk« um Mitternacht. Somit bleibt die Erfüllung oft leer sowie auch unbefriedigend – und genau dadurch entsteht ein Vakuum in unserem Liebesleben. Mit welchem Inhalt wollen wir es füllen? Wir werden zum Nachdenken aufgefordert.

Aber aus zahlreichen Begegnungen weiß ich, dass wir Menschen, ob »online« oder »offline«, schon immer auf der großen Suche nach echten Begegnungen, Liebe, Leidenschaft, Geborgenheit und einer wahrhaften Lebenszeit gewesen sind. Darin lag und liegt die eigentliche Qualität unseres Daseins.

An welche Begegnungen, flüchtige Bekanntschaften und »Dates« erinnern wir uns meist wieder? Wenn wir zurückschauen, bleiben uns jene Menschen in prägender Erinnerung, bei welchen wir einen gewissen positiven Wiedererkennungswert erlebt haben. Dieser Wiedererkennungswert schafft reichlich Platz für eine prickelnde Atmosphäre, bleibende Erinnerung, Sympathie und natürlich Anziehungskraft.

Ich habe beispielsweise einen kleinen, aber bleibenden Wiedererkennungswert vor Augen. Als ich in einem Café saß, schüttete die Kellnerin meinen »Cappuccino« samt Tasse so ziemlich genau neben mir aus. Dabei half ich ihr, die Glasscherben aufzuheben. Sie bedankte sich, lächelte verschmitzt und arbeitete daraufhin weiter. In diesem Moment ging mir folgender Gedanke durch den Kopf: Spreche ich diese Kellnerin jetzt nicht direkt an, welche mir gefällt, dann gehe ich nach Hause, ohne die Chance auf eine tolle neue Bekanntschaft mit einer Frau. Doch wenn ich sie jetzt persönlich anspreche, komme ich möglicherweise mit ihr ins Gespräch, merke dabei vielleicht, wie toll sie ist, und wir tauschen Nummern aus. Womöglich treffe ich sie danach mehrmals und stelle auch rückblickend fest, wie gut jene Entscheidung war. Nun, ich habe mich damals für Letzteres entschieden und bis heute stehe ich mit dieser Person in Kontakt bzw. auch gegenwärtig ist diese Entscheidung ein toller Gewinn gewesen.

Und besonders als Frau, wenn du diesen inneren Impuls spürst, jemanden direkt anzusprechen, solltest du es unbedingt tun! Denn mit solch einer Aktion wirst du dir bei der Männerwelt einen markanten Wiedererkennungswert schaffen – wirkst selbstbewusst und interessant. Auch wirst du dich dadurch direkt von zahlreichen anderen Frauen abheben und in fester Erinnerung bleiben. Besonders deshalb, da Männer in der Regel ja bekanntlich eher seltener von Frauen angesprochen werden.

Wenn wir also den »direkten Ansprechweg« bevorzugen, erleben wir wieder unvorhergesehene Glücksmomente. Einen bleibenden Wiedererkennungswert erhält die Person gegenüber einer anderen nur durch eine persönliche Begegnung – gewisse Erinnerungsmerkmale bleiben so bestehen. Der Grund dafür ist, dass wir andere Menschen größtenteils über deren Körpersprache wahrnehmen und bewerten.

Besonders als Frau, wenn du diesen inneren Impuls spürst, jemanden direkt anzusprechen, solltest du es unbedingt tun! Denn mit solch einer Aktion wirst du dir bei der Männerwelt einen markanten Wiedererkennungswert schaffen – wirkst selbstbewusst und interessant.

Und wenn wir beispielsweise einer Person in der Straßenbahn als kleine Geste, als Zeichen unseres Interesses, einen Notizzettel mit einem originellen Grußwort darauf notiert, in die Hände drücken würden oder einzig ein persönliches Wort mitteilen, würde die angesprochene Person diese Begegnung nicht so schnell wieder vergessen. Selbst wenn diese nicht dasselbe Interesse verspürt. Bestimmt würde diese Begebenheit auch weitererzählt werden und die angesprochene Person würde möglicherweise noch Jahre danach jene Begegnung erwähnen. Sei es zufrieden lachend oder einfach nur wertschätzend.

Denn mit solch einer Geste stößt man direkt mitten ins Leben, in Raum und Zeit des Gegenübers, auf natürlichste Art und Weise, dabei unmittelbar in die unverfälschte Gedankenwelt und Realität des Menschen. Oft versuchen wir über »Social Media«, sozusagen durch die »Hintertüre«, ins Leben und in die Gefühlswelt eines Menschen zu gelangen. Statt zu sprechen, tippen wir lieber. Wohl auch durch Mangel an Zuwendung, Selbstvertrauen oder wegen vermeintlicher Zeitersparnisse. Doch wie viel würden wir noch schreiben, wenn jede »WhatsApp-Message« etwas kosten würde?

Des Weiteren scheint die eigentliche Qualität des Kennenlernens über »Social Media« sowie diversen »Dating-Apps« in ihrem Wiedererkennungswert nicht vergleichbar zu sein. Auch keine neuen »Instagram-Follower« oder schmeichelnde »Tinder-Nachrichten« wirken wertvoller und exklusiver als eine persönliche Begegnung. Denn was bleibt uns vom Gegenüber wahrhaft übrig, wenn nur wenige gemeinsame Momente erlebt wurden? Die Beziehung und damit verbundene Kommunikation lediglich aus einer digitalen Ansammlung zahlreicher »Emojis« oder eines langen »Chat-Verlaufs« besteht. Oder wenn die zwischenmenschliche Begegnung so selten war, dass man zahlreiche Erlebnisse und Unternehmungen der Person eigentlich nur durch etliche »Instagram-Stories« in Erinnerung hält und nicht direkt aus lebendiger Erzählung jener Person. Erst dann realisiert man wirklich, wie wenig gemeinsam erlebt wurde.

Eine weitere schöne Möglichkeit ist auch, wieder einmal eine Postkarte aus dem Urlaub zu senden, eine originelle Notiz auf einem Post-it zu hinterlassen oder einen Brief zu verfassen, somit ein kleines Zeichen der Anerkennung und Wertschätzung zu vermitteln. Zugegeben: Diese Methode klingt zeitaufwändiger und etwas altmodisch – dies mag zutreffen. Aber es ist eine interessante Geste, um sich den Wiedererkennungswert beim Gegenüber zurückzugewinnen. Der Empfänger wird sich darüber freuen, da ein Brief oder eine Postkarte mit einem gezielten Gedanken und gewissen Zeitaufwand in Verbindung steht. Und dieser Gedanke wird eine bleibende Wirkung hinterlassen. Denn der Absender hat sich bewusst Zeit genommen und dabei auf den schnelleren, jedoch unpersönlicheren Weg verzichtet. Denn Worte sind bekanntlich per digitale Nachricht innert Sekunden gesendet, kostenlos und im Überfluss vorhanden.

Manchmal gibt es in meinem Alltag Momente, in denen ich aufs Neue realisiere, wie unzureichend ich Zeit mit den Menschen verbringe, die ich liebe, und wie schnelllebig unser Dasein doch ist. Früher oder später sehnen wir Menschen uns nach Verbindlichkeit.

Denn letzten Endes sucht jeder Mensch nach Halt und Ehrlichkeit, echten Emotionen und Zuverlässigkeit. Beziehungen und Bekanntschaften, welche nicht von einem Tag auf den anderen wortlos, per Knopfdruck gekündigt werden. Oder noch zeitgemäßer: im sogenannten »ghosting-Verfahren« gar nicht kommuniziert beendet werden.

Also nehmen wir uns einen Augenblick Zeit und Ruhe, um unser momentanes Leben einer Betrachtung aus gewisser Ferne zu unterziehen. Beziehung, Freunde, Beruf, Hobbys, Familie – mit wem teilen wir täglich die meisten Momente? Und worin investieren wir an gewöhnlichen Tagen die meisten Stunden? Welchen Stellenwert nehmen dabei unsere Beziehung, der Freundeskreis und unsere Familie auf unserer Prioritätenliste ein? Es liegt an uns, in unseren Beziehungen Lebensqualität anzustreben.

Doch wir Menschen sind im Aufbruch, auf der Suche nach unverfälschter Liebe, Geborgenheit, einer wahrhaften Lebenszeit und nach einem realen und lebhaften »Smiley«, denn der wahre Wert eines Lächelns ist echt und unersetzbar. *Eine persönliche und wahre Begegnung mit Menschen, voller echten Emotionen und Wiedererkennungswert, ist letzten Endes nie ersetzbar. Und für eine erfüllte Lebenszeit führt kein Weg daran vorbei.*

Denn die Redewendung »Ich habe Zeit für dich« wird immer aktueller. Und glücklicherweise existiert sie noch, jene andere Zeit, welche wir zurückerobern können. Nur lässt sich jene Zeit nicht per Knopfdruck bestellen. *Doch sobald wir mehr nach jener erfüllten Zeit streben, können wir uns dem widmen, was wirklich von Bedeutung ist: Wie fühlen wir uns in der direkten und unverfälschten Gegenwart eines bestimmten Menschen?*

Doch sobald wir mehr nach jener erfüllten Zeit streben, können wir uns dem widmen, was wirklich von Bedeutung ist: Wie fühlen wir uns in der direkten und unverfälschten Gegenwart eines bestimmten Menschen?

Dan Shambicco, geboren 1991 in Basel, ist im Bildungs- und Erziehungswesen tätig, aktives Leitungsmitglied der Gedenkstätte Riehen sowie Mitglied des Redaktionsrats des Magazins »go – take the lead«. Der schweizerisch-israelische Autor hat bereits mehrere Bücher veröffentlicht.

www.dan-shambicco.com

35 INSPIRATIONEN FÜR DEN NEUSTART
HRSG. VON ALEXANDER BROICHER
TAGE
WIE
DIESE
IN ZEITEN DES ABSTANDS
fineBOOKS

EBENFALLS VOM AUTOR IM FINEBOOKS VERLAG ERSCHIENEN:

Das ultimative Corona Lesebuch, 35 krisenfeste Texte, die unterhalten, inspirieren und neue Perspektiven aufzeigen – als geistige Immunabwehr und mentale Stärkung.

Belletristik, Essays und Poesie - 35 Autorinnen und Autoren unterstützen durch beschwingende Texte. Auch für alle, die genug von Corona haben.

Mit den Bestsellern Benedict Wells, Sibylle Berg, Friedrich Ani, Miku Sophie Kühmel, Moritz Rinke, Hatice Akyün, Jo Schück - sowie, last but not least, Dan Shambicco - und vielen anderen.

TAGE WIE DIESE – IN ZEITEN DES ABSTANDS
35 INSPIRATIONEN FÜR DEN NEUSTART

Softcover

204 Seiten

ISBN 3948373205

Hier versandkostenfrei bestellen:

https://finebooks.myshopify.com/products/tage-wie-diese

fineBOOKS

JAMES BOTH
Bothen-
stoffe
365 TAGE
INSPIRATION
FÜR DEIN
BEWUSSTSEIN

STEFAN DATT
Yoga Geheimnisse
ENTDECKUNGEN & ERKENNTNISSE
JENSEITS DER YOGAMATTE
Atemwege zum Glück
Kapitel 12
NA, DANN HALT EINFACH MAL DIE LUFT AN...
Nachdem wir neun Monate lang durch die Nabelschnur der Mutter mit Sauerstoff versorgt worden sind, durchtrennt die Geburtshelferin nach unserer Geburt unsere wichtigste Verbindung und lässt uns mit der mit Wasser gefüllten, eingefalteten Lunge nach Luft ringen. Der erste Atemzug braucht etwa viermal soviel Kraft, wie jeder folgende. Das Blut schießt in unsere plötzlich geweitete Lunge. Bald schon bilden sich zwei Herzkammern und einige Adern werden zu Bändern.
Nun gilt es an erster Stelle, das Gewicht des Körpers zu tragen und in die Schwerkraft auszurichten. Eine Körperhaltung, die es der Atmung erlaubt so frei und tief wie möglich zu fließen, muss entdeckt werden und wird sich kontinuierlich verbessern. Später, wenn der Körper gereift ist, wird die Körperhaltung und die ihr entsprechenden Atemmuster, unser Leben zu einem großen Teil mitbestimmen.
ATME ICH – ODER ATMET ES MICH?
Wenn wir uns des eigenen Atems bewusster werden, können wir dessen Verbindung zu unserer momentanen Körperhaltung und unserem gegenwärtigen Geisteszustand leicht beobachten. Alle drei Faktoren bedingen einander und können willentlich verändert werden.
„Es atmet der Mensch – nicht nur das Zwerchfell, nicht nur die Lunge, nicht der Bauch. Es atmet der Mensch!"
PROF. GRAF DÜRCKHEIM
74
77

EBENFALLS IM FINEBOOKS VERLAG ERSCHIENEN:

Während seiner sechs Jahre in einem indischen Yoga-Ashram und 16 Indien-Reisen hat Stefan Datt Facetten des Yogas kennengelernt, die weit über das hinausgehen, was wir normalerweise über Yoga wissen.

Neben diesen Erkenntnissen fließt sowohl seine mehr als 25jährige Tätigkeit als Yogalehrer und Ausbildungsleiter, sowie sein Wissen über ganzheitliches Heilen in dieses Buch ein.

Mit einem Vorwort von Dr. David Frawley.

STEFAN DATT
YOGA GEHEIMNISSE

Softcover

176 Seiten

ISBN 978-3-9483-7325-2

*fine*BOOKS